LUIZ MOREIRA

FUNDAMENTAÇÃO DO DIREITO EM HABERMAS

4ª edição

São Paulo

2019

CONTRACORRENTE

Copyright © EDITORA CONTRACORRENTE

Rua Dr. Cândido Espinheira, 560 | 3º andar
São Paulo – SP – Brasil | CEP 05004 000
www.editoracontracorrente.com.br
contato@editoracontracorrente.com.br

Editores

Camila Almeida Janela Valim
Gustavo Marinho de Carvalho
Rafael Valim

Conselho Editorial

Alysson Leandro Mascaro
(Universidade de São Paulo – SP)

Augusto Neves Dal Pozzo
(Pontifícia Universidade Católica de São Paulo – PUC/SP)

Daniel Wunder Hachem
(Universidade Federal do Paraná – UFPR)

Emerson Gabardo
(Universidade Federal do Paraná – UFPR)

Gilberto Bercovici
(Universidade de São Paulo – USP)

Heleno Taveira Torres
(Universidade de São Paulo – USP)

Jaime Rodríguez-Arana Muñoz
(Universidade de La Coruña – Espanha)

Pablo Ángel Gutiérrez Colantuono
(Universidade Nacional de Comahue – Argentina)

Pedro Serrano
(Pontifícia Universidade Católica de São Paulo – PUC/SP)

Silvio Luís Ferreira da Rocha
(Pontifícia Universidade Católica de São Paulo – PUC/SP)

Equipe editorial

Carolina Ressurreição (revisão)
Denise Dearo (design gráfico)
Mariela Santos Valim (capa)

Dados Internacionais de Catalogação na Publicação (CIP)
(Ficha Catalográfica elaborada pela Editora Contracorrente)

M835   MOREIRA, LUIZ.
      Fundamentação do Direito em Habermas | 4ª edição. Luiz Moreira – São Paulo:
Editora Contracorrente, 2019.

      ISBN: 978-85-69220-54-1

      Inclui bibliografia

      1. Filosofia do Direito. 2. Habermas. 3. Política. 4. Direito. I. Título.

CDU: 340.13

Impresso no Brasil
Printed in Brazil

FUNDAMENTAÇÃO DO DIREITO EM HABERMAS

CONTRACORRENTE

Para Alice, cuja maior beleza é sua complexidade.

SUMÁRIO

PREFÁCIO – Prof. Alessandro Pinzani.. 9

INTRODUÇÃO 27

CAPÍTULO I – O DIREITO A PARTIR DA *TEORIA DA AÇÃO COMUNICATIVA*... 31

1.1. O CARÁTER PÓS-TRADICIONAL DO DIREITO........... 31

    1.1.1 A positividade, a legalidade e o formalismo 37

    1.1.2 O Direito Natural Racional, a Fé na Legalidade e a Racionalidade Material 42

1.2. O DIREITO COMO DESCONEXÃO ENTRE SISTEMA E MUNDO DA VIDA 45

1.3. A JURIDICIZAÇÃO COMO TENDÊNCIA DE COLONIZAÇÃO DO MUNDO DA VIDA 54

CAPÍTULO II – PRIMEIRO ESBOÇO DE FUNDAMENTAÇÃO DO DIREITO 67

2.1. O CARÁTER RACIONAL DA DOMINAÇÃO LEGAL: A LEGITIMIDADE ORIUNDA DA LEGALIDADE..................... 67

    2.1.1 A crítica ao conceito weberiano de racionalidade jurídica 68

    2.1.2 A racionalidade de processos institucionalizados por meio do Direito 79

2.2. O SISTEMA JURÍDICO NO ESTADO DE DIREITO.............. 84

2.2.1 A racionalidade do Direito ou da relação interna entre Direito, Moral e Política 85

2.2.2 Do Direito racional ao Estado de Direito: uma racionalidade procedimental com teor moral 92

CAPÍTULO III – O DIREITO ENTRE *FACTICIDADE E VALIDADE* 99

3.1. DA RAZÃO PRÁTICA À RAZÃO COMUNICATIVA 99

3.2. A TENSÃO ENTRE FACTICIDADE E VALIDADE NO SEIO DA LINGUAGEM: SIGNIFICADO E VERDADE 104

3.3. O AGIR COMUNICATIVO COMO FONTE PRIMÁRIA DE INTEGRAÇÃO SOCIAL 110

3.3.1 O Mundo da Vida; as Instituições Arcaicas e a Sociedade Secularizada 113

3.4. DIMENSÕES DA VALIDADE DO DIREITO 120

3.4.1 Legalidade e processo de normatização do Direito 121

3.4.2 O processo legislativo como espaço de integração social... 125

3.4.3 O Direito como *medium* da tensão entre facticidade e validade: positividade e aceitabilidade racional. 127

CAPÍTULO IV – FUNDAMENTAÇÃO DO DIREITO 137

4.1. A TEORIA DISCURSIVA DO DIREITO 140

4.2. DIREITOS HUMANOS E SOBERANIA DO POVO 158

4.3. FUNDAMENTAÇÃO DO DIREITO 165

REFERÊNCIAS BIBLIOGRÁFICAS 171

PREFÁCIO

FACTICIDADE E VALIDADE APÓS QUASE TRINTA ANOS

Em 1992 saiu pela editora Suhrkamp (da qual Habermas sempre foi estrito colaborador e na qual editou várias coleções) *Faktizität und Geltung*, o tão esperado livro do pensador alemão sobre o direito. Desde a metade da década de 1980 ele estava dirigindo um grupo de pesquisa sobre o tema, do qual faziam parte juristas, filósofos, cientistas políticos e sociais como Ingeborg Maus, Klaus Günther, Rainer Forst, Bernard Peters, Lutz Wingert e Günter Frankenberg. O resultado foi uma série de publicações, algumas das quais se tornaram um marco na história do pensamento jurídico alemão e até internacional, como no caso do livro *Der Sinn für Angemessenheit* de Günther (1988). Com certeza, porém, o livro que teve a maior ressonância na Alemanha e no mundo inteiro foi o do próprio Habermas. Nos anos seguintes foi traduzido em vários idiomas, apesar de certa dificuldade com o título original, que foi mudado em muitos casos (em português e em francês se tornou respetivamente *Direito e democracia. Entre facticidade e validade* e *Droit et démocratie. Entre faits et normes*; em inglês passou a ser *Between Facts and Norms*, em italiano *Fatti e norme*; somente em espanhol e em polonês permaneceu com seu título original traduzido literalmente: *Facticidad y validez* e *Faktycznosc i obowiazywanie*).

Não é minha intenção neste breve escrito reconstruir a teoria discursiva do direito de Habermas (que, de qualquer maneira, no livro

PROF. DR. ALESSANDRO PINZANI

se limita a expor as linhas fundamentais para a elaboração de uma teoria deste tipo, sem desenvolvê-la completamente: não é por acaso que o subtítulo do original alemão é *Contribuições para uma teoria discursiva do direito e do Estado*). Tampouco falarei da influência do livro e de seus desdobramentos, inclusive em livros seguintes de Habermas que tratam do processo de integração europeia ou do cosmopolitismo jurídico. Pretendo, antes, situar brevemente *Facticidade e validade* no seu contexto histórico e no *corpus* da obra habermasiana, para salientar alguns aspectos que merecem atenção crítica e que nos levam a repensar o papel da teoria habermasiana do direito democrático contemporâneo (Habermas afirma explicitamente que não tenciona discutir o fenômeno direito em geral, mas tão somente o direito criado democraticamente nos Estados contemporâneos: não se trata de uma filosofia do direito, mas de uma teoria do direito que se diz inspirada pela perspectiva metodológica da reconstrução crítica).

HABERMAS SOBRE ESTADO E DIREITO ANTES DE 1992[1]

Quando o livro foi publicado, muitas resenhas apontaram para o fato de que se trataria, supostamente, da primeira obra dedicada à teoria do direito e do Estado por um autor pertencente à tradição da Teoria Crítica ou da primeira vez que Habermas se interessaria pelo tema. Ambas as afirmações estão erradas. Já na chamada primeira geração da Teoria Crítica houve quem se ocupasse de questões de teoria jurídica e do Estado, começando por Franz Neumann, autor que Habermas só menciona de passagem numa nota de rodapé do seu livro, apesar das afinidades entre o diagnóstico de Habermas e o que é elaborado por Neumann no seu texto sobre *The Rule of Law* de 1936, que foi traduzido para o alemão e publicado pela Suhrkamp em 1980[2]: ambos identificam, por exemplo, no Estado de Direito contemporâneo uma tensão normativa e factual entre o princípio democrático da soberania popular, por um lado, e a ideia de direitos individuais invioláveis e subtraídos à

---

[1] Esta seção se apoia em Pinzani 2009, do qual às vezes é uma paráfrase.

[2] Neumann, Franz. *Die Herrschaft des Gesetzes*. Frankfurt a. M.: Suhrkamp, 1980; ____. *O império do direito*. São Paulo: Quartier Latin, 2013.

PREFÁCIO

decisão democrática, por outro. Neumann publicou também vários ensaios sobre a relação entre direito, economia capitalista e estado democrático (traduzidos para o alemão na coletânea *Wirtschaft, Staat, Demokratie*, também publicada pela Suhrkamp em 1978). Da mesma maneira, cabe mencionar a obra de Otto Kirchheimer, que também publicou na revista do Instituto de Pesquisa Social na década de 1930 e escreveu importantes textos sobre a relação entre constituição e estado democrático, todos acessíveis em alemão desde a década de 1960 e publicados pela Suhrkamp,[3] mas que, curiosamente, não são nem sequer mencionados por Habermas, que, contudo, devia ter conhecimento deles, por ter sido já na época editor da coleção *Edition Suhrkamp*, nas quais foram publicados.

Também a afirmação pela qual o livro de 1992 representaria a primeira ocasião na qual Habermas se teria ocupado do direito e do Estado não corresponde à verdade. Podemos até dizer que o tema acompanha Habermas desde o início de sua carreira acadêmica, uma vez que um dos seus primeiros escritos foi a introdução ao estudo empírico *Studenten und Politik*, ou seja, *Universitários e política*, publicado em 1961 e realizado nos anos anteriores pelos seus colegas do Instituto de Pesquisa Social em Frankfurt Ludwig von Friedeburg, Christoph Oehler e Friedrich Weltz. O estudo era dedicado à atitude dos estudantes universitários alemães (da Alemanha Ocidental, naturalmente) em relação à política e à democracia. Nessa introdução, escrita em 1958, Habermas enfrenta pela primeira vez a questão da participação política e apresenta uma concepção de democracia e de Estado Burguês de Direito que basicamente permanecerá sem grandes variações nos seus traços fundamentais até 1992 e que, interessantemente, é inspirada em Neumann, aqui citado explicitamente. Habermas salienta o caráter peculiar da democracia: "Sua essência consiste antes no fato de que ela causa mudanças sociais profundas que aumentam e, no final, talvez produza completamente a liberdade dos homens. A democracia se ocupa da autodeterminação da humanidade e somente quando esta [autodeterminação] for real a

---

[3] KIRCHEIMER, Otto. *Politik und Verfassung*. Frankfurt a. M.: Suhrkamp, 1964; _____. *Politische Herrschaft:* Fünf Beiträge zur Lehre vom Staat. Frankfurt a. M.: Suhrkamp, 1967; _____. *Funktionen des Staats und der Verfassung*: 10 Analysen. Frankfurt a. M.: Suhrkamp, 1972.

PROF. DR. ALESSANDRO PINZANI

democracia será verdadeira"[4]. A democracia visa transformar a autoridade pessoal em autoridade racional, e isto só pode acontecer se "cidadãos maduros tomarem nas suas próprias mãos a organização da sua vida social sob os pressupostos de uma esfera pública que funcione politicamente e por meio de uma delegação cuidadosa da própria vontade e de um controle eficiente da sua efetivação")[5] Cidadãos maduros, porém, não se encontram "em qualquer condição social": na democracia atual a legitimidade se fundamenta na ideia de um consenso dos cidadãos; isso é o resultado de um processo histórico que inicia com a criação do Estado burguês de direito.[6]

Habermas faz uma breve reconstrução do desenvolvimento do Estado liberal de direito, seguindo de perto Neumann, e mostra como ele acabou se transformando no Estado de bem-estar social.[7] Em harmonia com a perspectiva marxista de Neumann, Habermas vê no surgimento do Estado liberal de direito a tentativa da burguesia "de impor instituições próprias" que deveriam criar "as bases para uma sociedade de proprietários independentes" por meio da garantia da autonomia privada e da "liberdade de contrato e de profissão, de propriedade e de herança".[8] Particularmente importantes deste ponto de vista se revelam a representação popular e a divisão dos poderes. Há, contudo, um problema na configuração do Estado liberal que transparece da defesa destes dois elementos, já que a constituição liberal pressupõe "uma sociedade de cidadãos independentes com propriedade privada distribuída de maneira uniforme", mas tal sociedade "nunca se deu." A configuração do Estado liberal se fundamenta, em suma, numa ficção que os marxistas consideram expressão da ideologia burguesa. "A base real do Estado

---

[4] HABERMAS, Jürgen. *Kultur und Kritik:* Verstreute Aufsätze. Frankfurt a. M.: Suhrkamp, 1973, p. 11.

[5] HABERMAS, Jürgen. *Kultur und Kritik:* Verstreute Aufsätze. Frankfurt a. M.: Suhrkamp, 1973, p. 12.

[6] HABERMAS, Jürgen. *Kultur und Kritik:* Verstreute Aufsätze. Frankfurt a. M.: Suhrkamp, 1973, p. 13.

[7] HABERMAS, Jürgen. *Kultur und Kritik:* Verstreute Aufsätze. Frankfurt a. M.: Suhrkamp, 1973, p. 14 ss.

[8] HABERMAS, Jürgen. *Kultur und Kritik:* Verstreute Aufsätze. Frankfurt a. M.: Suhrkamp, 1973, p. 15 ss.

PREFÁCIO

liberal nunca foi uma ordem de cidadãos em competição entre si e com as mesmas chances, mas uma ordem social hierárquica estável, garantida por meio da propriedade e da educação".[9] Outro elemento ideológico essencial do Estado liberal é o fato de que, apesar da realidade social, na qual prevalece a mencionada ordem social hierárquica, a burguesia sempre se apresentou como a classe que encarnava o interesse geral: "O Estado liberal de direito pressupõe a identificação da burguesia com o povo".[10] Somente na Primeira Guerra Mundial, em consequência de um pacto social mais ou menos explícito entre classes populares e burguesias na maioria dos países beligerantes, o Estado liberal passou a ser um Estado social caracterizado por intervenções ativas na vida econômica e social. Este novo tipo de Estado recebeu novas tarefas:

> em primeiro lugar, a tarefa de proteção, indenização e compensação dos grupos economicamente mais fracos (trabalhadores, inquilinos, clientes etc.); em seguida, a tarefa de evitar ou amenizar em certa medida as mudanças estruturais (política de proteção à classe média), ou de introduzir tais mudanças de forma planejada (por ex., através de intervenções de política social com o fim de alcançar uma redistribuição não somente gradual das rendas); em seguida, [a tarefa] de manter em equilíbrio [...] o sistema econômico geral; e, finalmente, a tarefa [...] de garantir prestações de serviço públicas.[11]

Habermas constata que "a sociedade burguesa hoje precisa de intervenções estatais" que transformam profundamente sua estrutura originária sem, contudo, modificar o fato de que a sociedade ainda "tem como base a disponibilidade privada sobre os meios de produção", fazendo com que a separação de Estado e sociedade continue existindo,

---

[9] HABERMAS, Jürgen. *Kultur und Kritik:* Verstreute Aufsätze. Frankfurt a. M.: Suhrkamp, 1973, p. 17.

[10] HABERMAS, Jürgen. *Kultur und Kritik:* Verstreute Aufsätze. Frankfurt a. M.: Suhrkamp, 1973, p. 18.

[11] HABERMAS, Jürgen. *Kultur und Kritik:* Verstreute Aufsätze. Frankfurt a. M.: Suhrkamp, 1973, p. 19 ss.

PROF. DR. ALESSANDRO PINZANI

pelo menos formalmente.[12] Contudo, através de um fenômeno característico do Estado social, isto é, a "deslocação do peso do parlamento para a burocracia pública e os partidos", produz-se um ulterior entrelaçamento de Estado e sociedade subtraído completamente ao controle público[13] (*ibid.*). Segundo Habermas, isto leva ao surgimento de cidadãos apolíticos numa sociedade em si política. Pelo fato de que o cidadão "em quase todos os âmbitos fica submetido cotidianamente" à burocracia pública, há "uma espécie de contato contínuo do cidadão com o Estado", ao qual, porém, não corresponde nenhuma ampliação da participação política – pelo contrário: o cidadão vive a ação estatal, reduzida aos atos da burocracia, como uma espécie de imposição externa diante da qual ele toma uma atitude estratégica orientada pelo próprio interesse. Como Habermas dirá em escritos posteriores, os cidadãos se transformam em "clientes das burocracias do Estado de bem-estar social"[14].

Isso tem a consequência negativa de esvaziar a esfera pública. Habermas salienta que nessa transformação do cidadão em consumidor um papel central é desempenhado pela mídia, que renuncia a ser meio de informação e formação política e se transforma em instrumento de entretenimento em vista da obtenção de lucro.[15] A conclusão de Habermas é a seguinte: "Não há dúvida de que o espaço no qual acontece a participação política do cidadão médio é restrito".[16] Contudo, se é de duvidar que "o povo maduro" consiga controlar de maneira eficaz as instituições parlamentares, então é pensável que participem do processo de decisão política grupos "que dispõem de um âmbito de eficácia política

---

[12] HABERMAS, Jürgen. *Kultur und Kritik:* Verstreute Aufsätze. Frankfurt a. M.: Suhrkamp, 1973, p. 20 ss.

[13] HABERMAS, Jürgen. *Kultur und Kritik:* Verstreute Aufsätze. Frankfurt a. M.: Suhrkamp, 1973, p. 20 ss.

[14] HABERMAS, Jürgen. *Theorie des kommunikativen Handelns.* vol II. Frankfurt a. M.: Suhrkamp, 1981, p. 515

[15] HABERMAS, Jürgen. *Kultur und Kritik*: Verstreute Aufsätze. Frankfurt a. M.: Suhrkamp, 1973, p. 52.

[16] HABERMAS, Jürgen. *Kultur und Kritik*: Verstreute Aufsätze. Frankfurt a. M.: Suhrkamp, 1973, p. 54.

PREFÁCIO

externo ao parlamento".[17] Tais grupos são identificados por Habermas em primeiro lugar com os sindicatos, mas também com os quadros dirigentes da economia e da administração pública, isto é, funcionários de alto nível, executivos etc. Em suma, no Estado de bem-estar social o risco (confirmado pela pesquisa empírica sobre *Universitários e política*) é de que a participação dos cidadãos ceda o passo a um governo de burocratas ou de técnicos especializados (um tema sobre o qual Habermas voltará em 2013 no livro *Na esteira da tecnocracia*). O espectro que assombra Habermas em 1958, assim como em 2013, é, portanto, o da tecnocracia. Contra este diagnóstico, Wolfgang Streeck (numa resenha do livro de 2013) afirma que o verdadeiro inimigo da democracia hoje e sempre é antes o capitalismo.[18] Na realidade, até certo ponto, esta foi também a visão de Habermas, pelo menos no início da década de 1970, mais precisamente em 1973, ano da publicação do livro *A crise de legitimação no capitalismo tardio*.

Neste livro, Habermas trata de alguns problemas com os quais se confrontam as sociedades capitalistas desenvolvidas. Tais problemas estão ligados, primeiramente, a questões de integração social e sistêmica dos indivíduos na sua sociedade. Habermas recorre aqui à teoria de Luhmann, mas a integra através do conceito marxiano de formação social, que lhe permite identificar diferentes tipos de sociedade.[19] Isso o leva a distinguir entre sociedade capitalista liberal e capitalismo tardio. A primeira dá lugar ao Estado liberal de direito, que se limita

> (a) [à] proteção do comércio burguês de acordo com o direito civil (polícia e administração da justiça); (b) [à] proteção do mecanismo de mercados dos efeitos colaterais autodestrutivos (por exemplo, legislação para a proteção do trabalho); (c) [à] satisfação dos pré-requisitos de produção na economia como um todo (educação escolar pública, transporte e comunicação) e (d) [à]

---

[17] HABERMAS, Jürgen. *Kultur und Kritik*: Verstreute Aufsätze. Frankfurt a. M.: Suhrkamp, 1973, p. 56.

[18] STREECK, Wolfgang. "What about capitalism? Jürgen Habermas's project of a European democracy. Review of Jürgen Habermas, The Lure of Technocracy", Polity: Cambridge, 2015. *In*: *European Political Science*, vol. 16, n. 2, 2017, pp. 246-253.

[19] PINZANI, Alessandro. *Habermas*. Porto Alegre: Artmed, 2009, p. 67 ss.

adaptação do sistema de direito civil às necessidades que emergem do processo de acumulação (tributação, rede bancária e direito comercial)[20].

Na sociedade capitalista tardia, o Estado não se limita ao papel de garantidor das condições gerais para manter funcional o modo de produção capitalista, mas intervém diretamente no processo econômica de dupla maneira: "através do planejamento global, regula o ciclo econômico como um todo" e, através de medidas de política monetária e fiscal, procura amenizar as consequências colaterais negativas do modo de produção capitalista.[21]

Ora, diferentes tipos de sociedade enfrentam diferentes tipos de questões de legitimação. No capitalismo liberal, a legitimação é garantida pela participação dos cidadãos nos processos políticos de decisão, por mais que possa tratar-se de uma mera garantia formal (nisso Habermas retoma suas considerações de 1958 e as análises de Neumann). No capitalismo tardio, tal participação se esvazia completamente e as decisões são tomadas principalmente por um sistema administrativo que permanece "suficientemente independente da formação da vontade legitimante".[22] Como já tinha sido observado na pesquisa empírica sobre *Universitários e política*, os cidadãos se tornam cada vez mais passivos, limitando-se a formular demandas meramente egoísticas que o Estado satisfaz através de políticas de bem-estar social: os cidadãos se transformam em clientes.

No capitalismo tardio o sistema econômico se torna menos autônomo em relação ao Estado. Isso faz com que as crises econômicas endêmicas se amenizem, mas dá lugar a uma crise administrativa permanente, já que o Estado não é capaz de lutar com sucesso contra as causas e as consequências negativas das mencionadas crises econômicas

---

[20] HABERMAS, Jürgen. *A crise de legitimação no capitalismo tardio*. Trad. de V. Chacon. Rio de Janeiro: Tempo Brasileiro, 1980, p. 35.

[21] HABERMAS, Jürgen. *A crise de legitimação no capitalismo tardio*. Trad. de V. Chacon. Rio de Janeiro: Tempo Brasileiro, 1980, p. 49.

[22] HABERMAS, Jürgen. *A crise de legitimação no capitalismo tardio*. Trad. de V. Chacon. Rio de Janeiro: Tempo Brasileiro, 1980, p. 51.

PREFÁCIO

endêmicas.[23] Dito de outra forma, o Estado deixa de limitar-se a garantir o respeito das regras que regem o funcionamento do sistema econômico, como ainda fazia o Estado liberal, e tenta lidar com as consequências negativas de tal funcionamento (pois as crises endêmicas pertencem inevitavelmente ao sistema capitalista). Ao fazer isso, porém, o Estado acaba retirando do sistema econômico a responsabilidade das crises e criando nos cidadãos a impressão de ser ele o responsável pelas suas consequências negativas (desemprego, falta de crescimento econômico, inflação, estagnação etc.). Assim, em vez de questionar a legitimidade do sistema econômico que cria tais fenômenos, os cidadãos questionam a legitimidade das políticas públicas através das quais o Estado tenta protegê-los de tais fenômenos. Às crises econômicas endêmicas e à crise administrativa permanente corresponde uma crise de legitimidade contínua, que faz com que os cidadãos percam confiança no Estado e em sua capacidade de lidar com seus problemas – e isso acaba sendo mais uma consequência negativa das crises endêmicas do sistema capitalístico.

Finalmente, eu gostaria de chamar a atenção para outro escrito, no qual Habermas se ocupou do direito antes de 1992. No ensaio "Reflexões sobre o papel evolucionário do direito moderno" contido em *Para a reconstrução do materialismo histórico*,[24] Habermas levanta a questão da racionalidade do direito moderno a partir de uma abordagem marcada pela dupla influência de Luhmann e do marxismo. Neste ensaio, Habermas vê no direito privado um sistema de normas moldado "pelas necessidades da atividade econômica capitalista". Retomando os diagnósticos formulados por ele em 1958 e 1973, Habermas afirma que o Estado possui a função primária de garantir "as condições de existência de uma ordem econômica desnacionalizada"; assim, os "direitos públicos subjetivos" são meramente funcionais à relação entre poder estatal, por um lado, e esfera privada da economia, por outro.[25] Nesta abordagem,

---

[23] HABERMAS, Jürgen. *A crise de legitimação no capitalismo tardio.* Trad. de V. Chacon. Rio de Janeiro: Tempo Brasileiro, 1980, p. 119.

[24] HABERMAS, Jürgen. *Zur Reconstrutiktion des historischen Materialismus.* Frankfurt a. M.: Suhrkamp, 1976.

[25] HABERMAS, Jürgen. *Zur Reconstrutiktion des historischen Materialismus.* Frankfurt a. M.: Suhrkamp, 1976, p. 262.

o direito moderno apresenta, segundo Habermas, quatro características estruturais: convencionalidade, legalismo, formalidade e generalidade. É convencional por ser um direito positivo que é expressão da vontade de um legislador soberano. Seu legalismo consiste em não exigir dos sujeitos de direito nenhum motivo ético, mas somente uma obediência geral às leis: "a serem sancionadas não são as más intenções, mas as ações que desviam da norma". O direito é formal enquanto "define âmbitos do arbítrio legítimo das pessoas privadas": tudo o que não é proibido é permitido. Em quarto lugar, ele possui uma natureza geral, já que suas normas são gerais e não admitem exceções.[26] Neste esquema interpretativo que é fundamentalmente de cunho marxista se abre, contudo, um rasgo no momento em que Habermas afirma que o direito moderno precisaria de uma justificação moral independente da autoridade de tradições éticas.[27] Sobretudo, abre-se aqui a possibilidade de uma leitura diferente do papel do direito moderno – leitura que Habermas desenvolverá em *Facticidade e validade*. Com efeito, os direitos individuais positivados pelo direito moderno se tornam agora na leitura de Habermas uma charneira entre o âmbito da moralidade e o da legalidade na medida em que têm a função de permitir uma legitimação moral do direito.[28] Em outras palavras, o fato de os direitos subjetivos poderem exercer, como já tinha observado Marx, uma função ideológica enquanto direitos do *homo oeconomicus* capitalista não deve levar à sua desvalorização, já que eles possuem também uma outra função, bem mais positiva: são expressão de uma necessidade de legitimação moral do direito. *Facticidade e validade* tenta justamente oferecer tal legitimação.

A POSIÇÃO HABERMASIANA DE 1992 COMPARADA À POSIÇÃO DOS ANOS ANTERIORES

A tese que pretendo apresentar brevemente, por razões de espaço, é a de que o diagnóstico sobre a função do direito e do Estado nas

---

[26] HABERMAS, Jürgen. *Zur Reconstrutiktion des historischen Materialismus*. Frankfurt a. M.: Suhrkamp, 1976, p. 264 ss.

[27] HABERMAS, Jürgen. *Zur Reconstrutiktion des historischen Materialismus*. Frankfurt a. M.: Suhrkamp, 1976, p. 266.

[28] HABERMAS, Jürgen. *Zur Reconstrutiktion des historischen Materialismus*. Frankfurt a. M.: Suhrkamp, 1976, p. 266.

PREFÁCIO

sociedades contemporâneas que Habermas tinha formulado em 1958, em 1973 e em 1976 é (e sempre foi) muito mais adequado e correspondente à realidade do que aquele contido em *Facticidade e validade*. Não se trata somente de diagnosticar um déficit sociológico, que teria levado Habermas a uma leitura equivocada ou parcial da realidade das democracias ocidentais contemporâneas, mas também de constatar nesta obra certa falta de dialética, por assim dizer. Na visão habermasiana do direito de 1992 há muito Kant e pouco Hegel, poderíamos dizer. Habermas insiste no fato de que o direito pode ser um instrumento de integração social e de civilização (como defendia Kant, particularmente em seus escritos de filosofia da história), mas parece não levar muito em conta, contrariamente aos escritos da década de 1970, o fato inegável de que o direito (e com ele a força do Estado) pode ser também instrumento de dominação por parte de interesses particulares. Segundo Wolfgang Streeck (na mencionada resenha de *Na esteira da tecnocracia*) isso é precisamente o que aconteceu no processo de integração europeia, no qual os interesses econômicos das grandes empresas prevaleceram sobre os dos cidadãos comuns e dos trabalhadores, fazendo com que a União Europeia favorecesse a integração dos mercados nacionais, sem, contudo, criar políticas europeias de bem-estar social.[29] Dito de outra forma e usando a linguagem do Habermas da década de 70, atualmente, a União Europeia estaria mais próxima de um Estado liberal de direito do que de um Estado de bem-estar social. O próprio Habermas tem consciência disso, como demonstram seus ensaios políticos publicados entre 1992 e 2013, mas – ainda segundo Streeck – segue atribuindo a responsabilidade disso às tendências tecnocráticas da burocracia europeia e não ao controle que o capital, em particular o capital financeiro, exerce sobre a política. Em suma, Habermas concentraria sua atenção nos mecanismos de produção jurídica no interior da União Europeia (na reprodução autopoiética do sistema burocrático europeu, por assim dizer), negligenciando fatores externos ao próprio sistema jurídico, a saber, o comportamento dos mercados financeiros ou das corporações transnacionais.

---

[29] STREECK, Wolfgang. "What about capitalism? Jürgen Habermas's project of a European democracy. Review of Jürgen Habermas, The Lure of Technocracy", Polity: Cambridge, 2015. *In*: *European Political Science*, vol. 16, n. 2, 2017, pp. 246-253.

PROF. DR. ALESSANDRO PINZANI

Ora, algo análogo acontece no livro de 1992, no qual Habermas não dedica particular atenção ao aspecto econômico da produção jurídica, isto é, ao fato de que o direito tem sido historicamente e segue sendo atualmente um instrumento de proteção e implementação de interesses econômicos específicos. Sua reconstrução da lógica dos direitos individuais, por exemplo, coloca no mesmo plano direitos civis, políticos e sociais, quando, na realidade jurídica e politica da maioria dos países, os direitos de propriedade são mais garantidos e mais protegidos do que os direitos à assistência social, por exemplo, que são sempre os primeiros a serem sacrificados nos momentos de crise econômica (crise que hoje se tornou praticamente crônica, como mostrou eficazmente o próprio Streeck.[30] Habermas poderia replicar que sua reconstrução não é empírica, mas lógica, justamente, e que visa apontar para o fato de que normativamente não há como justificar a primazia dos direitos de propriedade sobre os direitos sociais. Mas, ao fazer isso, sua posição se aproxima perigosamente daquele normativismo vazio que ele diz querer evitar a qualquer preço,[31] pois a exigência normativa da igualdade de valor dos grupos de direitos é simplesmente afirmada e oposta à realidade histórica e empírica do peso desigual atribuído a tais direitos – desigualdade que resulta no reforçamento de outras desigualdades, a saber, a econômica e social entre cidadãos bem como entre indivíduos e empresas. O Habermas marxista da década de 1970 teria, provavelmente, chegado a outras conclusões e teria apontado para o descompasso entre a proclamada igualdade em termos de direitos abstratos e a desigualdade real em termos de direitos concretos, chamando assim nossa atenção para a função ideológica da primeira, que é a de esconder ou negar a existência da segunda (como já tinha observado Marx em *A questão judaica*).

A esta crítica poder-se-ia responder que a intenção de Habermas é a de apontar para o potencial emancipatório presente não somente na

---

[30] STREECK, Wolfgang. "A crise do capitalismo democrático". I*n: Novos Estudos*, 92, 2012, 35-56; ____. *Tempo comprado*: a crise adiada do capitalismo democrático. Lisboa: Actual, 2013; ____ *How Will Capitalism End?* London: Verso, 2016.

[31] PINZANI, Alessandro. "A teoria jurídica de Jürgen Habermas entre funcionalismo e normativismo". I*n: Veritas*, Porto Alegre, vol. 46, n. 1, 2001, pp. 19-28.

PREFÁCIO

realidade jurídica, mas também na maneira em que tal realidade é pensada e justificada, inclusive quando se trata de uma justificativa ideológica. Assim, até o discurso ideológico de quem tente negar a existência de desigualdades jurídicas é pautado na afirmação da existência (presumida) de uma igualdade jurídica fundamental. Ou seja, não há como não aceitar abertamente (ainda que não sinceramente) o princípio pelo qual todos os parceiros jurídicos (*Rechtsgenossen*) são iguais entre si e todos os grupos de direitos individuais possuem o mesmo valor do ponto de vista axiológico. Por mais que os que se servem ideologicamente de tal princípio na realidade não acreditem nele, não podem negar sua validade prima facie e, portanto, seu valor normativo.

Até aqui, argumentos e contra-argumentos pressupõem que as partes se comprometam em aceitar as consequências de suas posições. Em outras palavras, o pressuposto da crítica imanente realizada por Habermas é o de que, diante da constatação de uma contradição ou de uma tensão (termo preferido por Habermas) entre a dimensão normativa (o lado da validade) e a realidade empírica (o lado da facticidade), os atores buscariam adaptar a praxe jurídica e política ao ideal normativo. Ora, isso exclui a possibilidade de que os atores objetos de crítica (nesse caso: governos, parlamentos, membros do sistema judiciário) assumam uma atitude que Vladimir Safatle[32] (2008) define como "cínica". Longe de tentar esconder seus verdadeiros interesses atrás de uma justificação ideológica de suas ações (como aquela pela qual os direitos de propriedade teriam prioridade sobre os direitos sociais para garantir a liberdade individual mais do que estes), tais atores poderiam afirmar, cinicamente, que seu modo de agir é o melhor modo de realizar o ideal normativo (por ex., que a melhor maneira de garantir direitos sociais é proteger a propriedade privada contra qualquer tentativa de redistribuição ou diminuir os impostos para os mais ricos, confiando no chamado *trickle down effect*). Aquele que, para Habermas, representa o potencial normativo implícito no sistema jurídico e nas instituições estatais se tornaria assim uma cobertura ideológica *sui generis*, já que aquele que deveria ser o interesse que tal cobertura deveria esconder é afirmado abertamente e

---

[32] SAFATLE, Vladimir. *Cinismo e falência da crítica*. São Paulo: Boitempo, 2008.

defendido em nome dos mesmos ideais normativos que deveria servir para criticá-lo. Claramente, o crítico social poderia seguir na sua tentativa de apontar para a existência de uma tensão entre o ideal e sua realização (por ex. mostrando que o *trickle down effect* não existe), mas, ao fazer isso, entraria num confronto baseado em dados empíricos contestáveis e acabaria aceitando a definição que seus adversários dão dos princípios de justiça que deveriam ser realizados, em vez de contestar tais princípios como inadequados. Em outras palavras, Habermas renunciaria de antemão à possibilidade de pensar uma sociedade completamente diferente daquela resultante das revoluções burguesas e da evolução do Estado liberal burguês que desembocou naquele Estado de bem-estar social incapaz de mobilizar os cidadãos para formas ativas de participação política, como o próprio Habermas tinha lamentado em seus diagnósticos mais antigos.

Eu gostaria, finalmente, de salientar um último ponto. O diagnóstico habermasiano de 1973 soa terrivelmente atual, particularmente à luz dos acontecimentos que se seguiram à crise financeira de 2007-2008, na qual os estados tiveram que salvar o sistema financeiro global bancário e impedir um efeito dominó de quebra de bancos no mundo inteiro. Mas, ao fazer isso, resolveram ocupar-se somente dos bancos e não das pessoas comuns: nos EUA e na Espanha, por exemplo, os bancos que tinham realizado malabarismos financeiros com as hipotecas imobiliárias de seus clientes foram salvos, enquanto os clientes perderam suas casas. O resultado principal dos gigantescos *bail-outs* por meio dos quais os governos injetaram dinheiro público nos cofres dos bancos foi um igualmente gigantesco endividamento dos Estados que, paradoxalmente, passaram a receber empréstimos a juros altíssimos dos mesmos bancos que acabaram de salvar. A partir deste momento, na análise de Streeck (2012),[33] o Estado deixou de tratar de garantir a legitimação do sistema econômico capitalista perante os cidadãos (conforme o diagnóstico habermasiano de 1973) e passou a se ocupar de garantir sua solvibilidade perante os credores, numa mudança de paradigma que esvaziou quase

---

[33] STREECK, Wolfgang. "A crise do capitalismo democrático". In: *Novos Estudos,* 92, 2012, 35-56.

PREFÁCIO

completamente o sentido da participação política. Com efeito, os cidadãos demandam políticas públicas que os defendam das consequências negativas do funcionamento do capitalismo global (as chamadas crises são parte essencial de tal funcionamento, como já tinha reconhecido um teórico que não pode certamente ser acusado de atitude anticapitalista, a saber, Joseph Schumpeter [1942]),[34] mas os governos respondem a tais demandas afirmando que os mercados não permitem isso, pois exigem controle fiscal e abatimento da dívida pública (sendo o encolhimento do Estado e a diminuição de seus serviços os instrumentos presumidamente melhores para alcançar esses fins). Assim, os cidadãos experimentam um sentimento de frustração ao perceberem que suas demandas são preteridas às dos mercados. O resultado nas últimas décadas foi uma crescente apatia política, mas nos últimos anos a tendência tem sido a de votar em políticos e partidos que prometem soluções políticas e não puramente técnicas, apresentando, contudo, soluções fáceis e ineficazes e indicando, muitas vezes, bodes expiatórios (quase sempre os migrantes) que nada têm a ver com os problemas em questão. Quando os cidadãos que se tornaram clientes e se acostumaram a pensar a si mesmos como clientes não estão satisfeitos com aquilo que os governos lhes "servem", buscam outras soluções, não necessariamente democráticas. A pior ameaça à democracia não veio e não vem, então, de uma anódina burocracia estatal ou supraestatal, como pensava Habermas, mas do fato que os governos democráticos deixaram de formular políticas para os cidadãos e passaram a pensar primaria e primeiramente nos interesses de seus credores. Claro, isso não explica completamente a "crise" da democracia tão frequentemente diagnosticada, pois nela intervêm muitos outros fatores, inclusive locais; mas com certeza coloca em dúvida o quadro otimista da função do direito e do Estado oferecido por Habermas em *Facticidade e validade*. Talvez seja oportuno voltar a ler seus escritos anteriores em busca de diagnósticos mais atuais.

Prof. Dr. Alessandro Pinzani

---

[34] SCHUMPETER, Joseph A. *Capitalism, Socialism and Democracy*. New York: Harper & Row, 1942

PROF. DR. ALESSANDRO PINZANI

REFERÊNCIAS BIBLIOGRÁFICAS

HABERMAS, Jürgen. *Kultur und Kritik:* Verstreute Aufsätze. Frankfurt a. M.: Suhrkamp, 1973.

_____. *Zur Rekonstruktion des historischen Materialismus.* Frankfurt a. M.: Suhrkamp, 1976.

_____. *A crise de legitimação no capitalismo tardio.* Trad. de V. Chacon. Rio de Janeiro: Tempo Brasileiro, 1980.

_____. *Theorie des kommunikativen Handelns.* 2 vol. Frankfurt a. M.: Suhrkamp, 1981.

KIRCHEIMER, Otto. *Politik und Verfassung.* Frankfurt a. M.: Suhrkamp, 1964.

_____. *Politische Herrschaft:* Fünf Beiträge zur Lehre vom Staat. Frankfurt a. M.: Suhrkamp, 1967.

_____. *Funktionen des Staats und der Verfassung:* 10 Analysen. Frankfurt a. M.: Suhrkamp, 1972.

_____. *Im Sog der Technokratie.* Berlim: Suhrkamp, 2013.

NEUMANN, Franz. *Wirtschaft, Staat, Demokratie.* Frankfurt a. M.: Suhrkamp, 1978.

_____. *Die Herrschaft des Gesetzes.* Frankfurt a. M.: Suhrkamp, 1980.

_____. *O império do direito.* São Paulo: Quartier Latin, 2013.

PINZANI, Alessandro. "A teoria jurídica de Jürgen Habermas entre funcionalismo e normativismo". *In: Veritas,* Porto Alegre, vol. 46, n.1, 2001, pp. 19-28.

_____. *Habermas.* Porto Alegre: Artmed, 2009.

SAFATLE, Vladimir. *Cinismo e falência da crítica.* São Paulo: Boitempo, 2008.

SCHUMPETER, Joseph A. *Capitalism, Socialism and Democracy.* New York: Harper & Row, 1942.

STREECK, Wolfgang. "A crise do capitalismo democrático". *In: Novos Estudos,* 92, 2012, 35-56.

_____. *Tempo comprado:* a crise adiada do capitalismo democrático. Lisboa: Actual, 2013.

_____ *How Will Capitalism End?* London: Verso, 2016.

_____ "What about capitalism? Jürgen Habermas's project of a European democracy. Review of Jürgen Habermas, The Lure of Technocracy", Polity: Cambridge, 2015. *In: European Political Science*, vol. 16, n. 2, 2017, pp. 246-253.

INTRODUÇÃO

Este estudo tem como tema um dos aspectos da teoria do agir comunicativo frequentemente negligenciado. Trata-se de uma lacuna concernente a uma proposta de Filosofia do Direito. É certo que já havia alguns escritos sobre política e sobre Direito, mas essa lacuna só foi preenchida quando Jürgen Habermas deu a público o livro de 1992. Nesse livro são apresentados os contornos de uma teoria discursiva do Direito fincada a partir de uma racionalidade procedimental.

Nosso estudo dedica-se a explicitação da fundamentação dessa teoria discursiva do Direito. Para tanto, procuramos traçar um roteiro que pudesse descrever, em diversos momentos da obra habermasiana, a pergunta pela legitimação do Direito ou, como designamos, a pergunta pela fundamentação do Direito. Com esse intuito, dividimos o trabalho em duas partes, e cada parte em dois capítulos.

A primeira parte versa sobre a posição anterior ao livro de 1992. Nessa concepção, há um elemento que perpassa os dois primeiros capítulos: uma relação de complementaridade entre Direito e Moral. Mesmo levando em consideração as conquistas da *linguistic turn*, poderíamos enquadrar essa proposta, que se legitima a partir da relação de complementaridade entre Direito e Moral, como uma proposta herdeira da Filosofia do Direito de Kant.

A segunda parte examina a posição contida no livro de 1992: *Direito e Democracia: entre facticidade e validade*, que versa sobre a ruptura no modo de conceber a relação entre moralidade e juridicidade e como isso implica um novo modo de fundamentar o Direito. Nos trabalhos anteriores, havia uma relação de complementaridade entre essas esferas. Agora, Habermas declina dessa complementaridade em favor de uma relação de cooriginariedade entre Moral e Direito. A partir dessa cooriginariedade, a proposta de uma teoria discursiva do Direito afasta-se da tradição da razão prática e de uma Filosofia do Direito kantiana. A nuança dessa teoria discursiva do Direito, o modo como se dá sua fundamentação, será apresentado no terceiro e no quarto capítulos.

O primeiro capítulo gira em torno da concepção expressa na obra *Teoria da Ação Comunicativa*. Tem em vista a explicitação do caráter pós-tradicional inerente ao direito moderno. Esse caráter tem uma estrutura semelhante aos descritos pela ontogênese moral de L. Kohlberg e que permite, aos sujeitos de Direito, levantarem a pergunta sobre os fundamentos do ordenamento jurídico. Para isso, Habermas parte das análises de Max Weber para elaborar uma resposta pós-tradicional para a legitimidade da dominação legal. No entanto, o mesmo processo que permite suscitar a pergunta pela fundamentação suscita também um aumento na complexidade das relações sociais, de tal modo que propicia o surgimento de subsistemas que passam a reger-se por uma ótica própria. Nessa complexidade sistêmica, esses subsistemas se valem do ordenamento jurídico para perpetrar uma relação de aparente isolamento frente aos demais subsistemas. Essa é a tendência que permite que o Direito seja posto como uma instância que coloniza o mundo da vida. Atento a essas questões, Habermas elaborará uma resposta que apela para a pergunta da validade das normas jurídicas. A pergunta pela validade implica uma vinculação do ordenamento jurídico a normas que emanam do mundo da vida. Essa vinculação significa que o ordenamento jurídico tem que se atrelar a uma instância moral que lhe é superior e que lhe dá fundamento. É através dessa complementaridade com a moral que vai ser possível às normas jurídicas serem entendidas como legítimas.

O segundo capítulo é marcado pela pesquisa sobre o sentido racional da dominação legal. Para Habermas, o sentido da racionalidade jurídica está atrelado a uma consideração racional em termos prático-morais. Com isso, rejeita-se a tese weberiana de uma racionalidade

INTRODUÇÃO

jurídica desatrelada de um núcleo prático-moral, para traçar uma relação entre moralidade e juridicidade que se institucionaliza através de processos jurídicos. Assim, temos um apelo a uma instância deontológica que, pelos processos de institucionalização, garante e perpetua a relação de complementaridade entre Direito e Moral. O Direito, para ser legítimo, tem que estar circunscrito a uma racionalidade onde seu procedimento se situa entre processos jurídicos e argumentos morais. Desse modo, a proposta de uma teoria procedimental do Direito fundamenta-se em princípios morais, e a legalidade só é legítima na medida em que os discursos jurídicos forem permeados por discursos morais.

No terceiro capítulo, observa-se a transição, na teoria do discurso, de uma racionalidade prático-moral, com contornos normativos, para uma racionalidade comunicativa deontologicamente neutra. Essa neutralidade do Direito em relação à Moral vai ser explicitada a partir da análise da tensão, inerente à linguagem, entre facticidade e validade e que perpassa o Direito na medida em que esse se situa, ao mesmo tempo, entre uma exigência de universalização e de concreção. Essa dança, entre facticidade e validade, é que vai permitir ao Direito moderno constituir-se como *medium* de integração social e assim conduzir a um processo legislativo que é fruto da opinião e da vontade discursiva dos cidadãos.

No quarto capítulo, procura-se traçar as nuanças que permitem interpretar o sentido da reviravolta operada pela teoria discursiva do Direito. Essa reviravolta expressa-se através da transição de uma proposta fundada a partir da recusa da normatividade imediata da razão prática para a normatividade mediata da razão comunicativa; pela constituição de uma validade falível que é sempre passível de problematização; e por uma relação de cooriginariedade entre normas jurídicas e normas morais. A partir dessas considerações, vai ser possível elaborar um conceito de Direito que é fruto da emanação da opinião e da vontade dos cidadãos e, com isso, estabilizar a tensão existente entre os direitos humanos e o princípio da soberania do povo.

CAPÍTULO I

O DIREITO A PARTIR DA
TEORIA DA AÇÃO COMUNICATIVA

1.1. O CARÁTER PÓS-TRADICIONAL DO DIREITO

O que podemos entender por ordens legítimas? Quais as exigências para que uma ordem seja válida? Em que medida o Direito moderno pode ser considerado como legítimo? Por que o dinheiro e o poder burocrático podem lograr êxito em detrimento da liberdade? Qual é o papel do Direito em sociedades modernas? Essas foram algumas das questões abordadas por Jürgen Habermas em seu já célebre livro, *Teoria da Ação Comunicativa,*[2] e que serão avaliadas com o intuito de mostrar o conceito e o papel desempenhados pelo Direito na modernidade e em que medida o ordenamento jurídico pode ou não garantir a liberdade.

Em sociedades modernas, o Direito só pode ser expressão da liberdade se cumprir as exigências pós-metafísicas de legitimação, o que só é possível através da incorporação de um caráter pós-tradicional de

---

[2] HABERMAS, Jürgen. *Teoría de la Acción Comunicativa:* racionalidad de la acción y racionalización social. Tomo I. Madrid: Taurus, 1992, pp. 330-350; HABERMAS, Jürgen. *Teoría de la Acción Comunicativa*: crítica de la razón funcionalista. Tomo II. Madrid: Taurus, 1988, pp. 244-253 e pp. 502-526.

LUIZ MOREIRA

justificação, ou seja, somente quando sua legitimação estiver desagregada tanto da religião quanto dos costumes. Como perdeu a vinculação com fontes metafísicas e consuetudinárias, o ordenamento jurídico levanta a pergunta pela validade de suas pretensões. Pretensões de validade que só obtêm normatividade se forem legítimas.

Em sociedades pós-metafísicas, o Direito agregou ao seu conceito um caráter pós-tradicional de justificação. Por sua vez, esse caráter pós-tradicional do Direito[3] se deve ao fato de sua institucionalização realizar-se através de ordens legítimas, que têm como pressuposto um acordo. Esse acordo, por seu turno, funda-se em um reconhecimento intersubjetivo de normas. No entanto, segundo a análise habermasiana sobre a posição de Weber, quando um acordo normativo funda-se na tradição temos uma ação comunitária convencional. No momento em que essa ação normativa desliga-se da tradição e é substituída por uma ação do tipo racional[4] conforme fins orientada para o sucesso, estabelece-se o problema de como ordenar legitimamente esse acordo normativo.[5]

Quando isso acontece[6] é preciso que haja uma reviravolta sobre o acordo normativo. É preciso que se passe de um acordo firmado sob a tradição para um acordo comunicativamente alcançado, isto é, um acordo alcançado segundo um consenso.[7] Na medida em que se concorda

---

[3] HABERMAS, Jürgen. *Teoría de la Acción Comunicativa:* racionalidad de la acción y racionalización social. Tomo I. Madrid: Taurus, 1992, p. 330.

[4] GIDDENS, Anthony. "¿Razón sin revolución? La Theorie des kommunikativen Handelns de Habermas". GIDDENS, A.; JAY, M.; *et al.* (coord.). *Habermas y la modernidad.* Madrid: Cátedra, 1994, p. 159. "La racionalidad presupone la communicación, porque algo es racional sólo si reúne las condiciones necesarias para forjar una comprensión al menos con outra persona".

[5] HABERMAS, Jürgen. *Teoría de la Acción Comunicativa:* racionalidad de la acción y racionalización social. Tomo I. Madrid: Taurus, 1992, p. 331.

[6] HABERMAS, Jürgen. *Teoría de la Acción Comunicativa:* racionalidad de la acción y racionalización social. Tomo I. Madrid: Taurus, 1992, p. 331.

[7] OLIVEIRA, Manfredo Araújo de. *Reviravolta linguístico-pragmática na filosofia contemporânea.* (Coleção Filosofia, 40). São Paulo: Loyola, 1996, p. 304: "O consenso que acompanha as ações se refere tanto aos conteúdos proposicionais dos proferimentos (às opiniões) quanto às expectativas de comportamento válidas intersubjetivamente (às normas)".

CAPÍTULO I - O DIREITO A PARTIR DA *TEORIA DA AÇÃO COMUNICATIVA*

sobre o que deve valer como ordem legítima, a ação comunitária do tipo *convencional* é substituída por uma ação societária do tipo *racional*.

O caso típico de regulação normativa de uma ação racional conforme fins orientada para o sucesso é a criação, livremente consentida, de um "estatuto dotado de força jurídica".[8] Segundo Habermas, Weber usa o conceito "estatuto dotado de força jurídica" para descrever a tendência de racionalização social. Habermas, por não concordar com a expressão weberiana "racional conforme fins", substituí-la-á pela expressão "racional segundo valores". Quando um acordo normativo[9] adota a forma de um consenso juridicamente sancionado, a única maneira de se saber se esse acordo é um acordo racionalmente motivado dá-se por meio do procedimento pelo qual se chega a ele, pois nesse caso o acordo refere-se à validade da regulação normativa, regulação que se converte em componente da ordem legítima e vincula os agentes a determinadas orientações valorativas nos casos de matérias carentes de regulação. Somente dentro de limites normativamente estabelecidos, opina Habermas, podem os sujeitos de direito portarem-se de forma racional conforme fins sem se remeterem à tradição. Para a institucionalização dessas ações racionais é preciso que se estabeleça um acordo normativo que satisfaça a exigência de um acordo livre, por conseguinte, que seja discursivo[10] e que seja estabelecido de modo autônomo por seus participantes, dotado de propriedades formais de racionalidade segundo valores. Habermas é de opinião que, segundo esse aspecto, a posição de Weber não é clara e isso não acontece por acaso.

---

[8] HABERMAS, Jürgen. *Teoría de la Acción Comunicativa*: racionalidad de la acción y racionalización social. Tomo I. Madrid: Taurus, 1992, p. 331.

[9] HABERMAS, Jürgen. *Teoría de la Acción Comunicativa*: racionalidad de la acción y racionalización social. Tomo I. Madrid: Taurus, 1992, p. 332.

[10] OLIVEIRA, Manfredo Araújo de. *Reviravolta linguístico-pragmática na filosofia contemporânea*. (Coleção Filosofia, 40). São Paulo: Loyola, 1996, p. 306, nota 20: "Discurso, para Habermas, é um tipo determinado de ação comunicativa, em que os participantes não são primariamente interessados em trocar informações, mas em fundamentar as pretensões de validade levantadas em suas falas. A finalidade essencial da ação discursiva é discutir pretensões de validade, que se tornam problemáticas".

LUIZ MOREIRA

Em primeiro lugar[11], Weber menciona como marco fundamental do Direito moderno a sistemática jurídica. O Direito moderno é precisamente um direito de juristas. Com a formação jurídica dos magistrados e com a especialização dos funcionários, tanto a administração da justiça quanto a administração pública se profissionalizaram. A aplicação da lei (jurisdição) e a criação do Direito (legislação) estão vinculadas a procedimentos do tipo formal dependentes da competência formal dos juristas. Essa situação exige que a sistematização dos preceitos jurídicos e a coerência da dogmática jurídica alcancem tamanha sofisticação conceitual que o Direito passe a obter sua justificação através da derivação de princípios. Ora, segundo a interpretação oferecida por Habermas, essa tendência já está presente nas Faculdades de Direito da baixa Idade Média e se impõe com plenitude através do positivismo jurídico traduzida em conceito por Hans Kelsen.[12] A referida tendência se impôs de modo marcante nos sistemas jurídicos nacionais oriundos da tradição do Direito romano. E isso precisamente é o que o faz rejeitar a proposta de aumento da racionalização do Direito moderno em termos

---

[11] HABERMAS, Jürgen. *Teoría de la Acción Comunicativa:* racionalidad de la acción y racionalización social. Tomo I. Madrid: Taurus, 1992, p. 332.

[12] KELSEN, Hans. *Teoria Pura do Direito.* 4ª ed. São Paulo: Martins Fontes, 1994. Cf. a esse respeito: HÖFFE, Otfried. *Justiça Política:* Fundamentação de uma filosofia crítica do Direito e do Estado. Rio de Janeiro: Vozes, 1991), pp. 132/133: "subsiste contra a Doutrina do Direito uma objeção de positivismo. Mas ela tem razão apenas de uma forma muito mais amenizada que a maioria dos críticos do positivismo jurídico acreditam. Se pusermos de lado o ceticismo jurídico de Kelsen e se nos concentrarmos na teoria da vigência positiva do direito, então se desmascara a proposição provocativa – qualquer conteúdo aleatório pode ser direito – como não completa, mas em grande parte certa. Não é, como facilmente se afirma, expressão de um positivismo jurídico radical, mas, antes, repete a fundamental convicção de Hobbes: pelo fato de o Direito Positivo não entrar em vigor porque é reconhecido como eticamente certo..., mas porque foi decidido pela respectiva autoridade jurídica..., a vigência positiva não tem, primeiramente, nenhuma outra condição, que a vontade (e o poder) da autoridade jurídica. Sob esta condição, não se pode dizer de nenhum conteúdo que ele não pode ser direito – a não ser de conteúdos que, por princípio, contradizem o conceito de uma autoridade jurídica. Para isto, se apresenta, até agora, apenas aquela camada fundamental de justiça que é irrecusável para a definição de uma ordem de poder como 'sindicato de não-criminosos'. Nesta, e só nesta perspectiva, a fundamentação de Kelsen de uma jurisprudência científica contém um positivismo jurídico que merece crítica".

CAPÍTULO I - O DIREITO A PARTIR DA *TEORIA DA AÇÃO COMUNICATIVA*

de sua sistematização interna.[13] Ocorre que tal sistematização tem como condição de possibilidade o passo para uma etapa pós-tradicional da consciência moral.[14] E isso se fez possível através da racionalização ética das imagens do mundo, uma vez que só aqui se efetiva um conceito formal de mundo social como totalidade das relações interpessoais legitimamente reguladas.

Desse modo, assim como o sujeito moral pôde orientar-se conforme princípios reguladores de sua vida, assim também o sujeito de Direito privado orienta seu agir pelas regras estabelecidas em lei. Isso se dá através do desencantamento da imagem religiosa[15] do mundo e da secularização da compreensão mundana, possibilitando a ascensão das condições para que a concepção sacra do Direito converta-se na perspectiva hipotética adotada frente aos sujeitos de direito que, em princípio, são livres e iguais, e que, portanto, podem escolher sobre qual direito regulará suas vidas.

Para Habermas[16], Weber caracteriza a evolução jurídica a partir do Direito revelado, passando pelo Direito tradicional, culminando com o Direito moderno que por sua vez é deduzido ou estatuído, já que atende, por um lado, à diferenciação dos diversos âmbitos jurídicos, e, por outro, à exigência de constituição dos fundamentos para a validade do Direito. No Direito primitivo não há o conceito de norma objetiva[17], já no Direito tradicional as normas consideram-se dadas, ou seja, derivam-se da tradição, dos costumes. Somente no Direito moderno podem as normas jurídicas

---

[13] HABERMAS, Jürgen. *Teoría de la Acción Comunicativa:* racionalidad de la acción y racionalización social. Tomo I. Madrid: Taurus, 1992, p. 333.

[14] FREITAG, Bárbara. *Os itinerários de Antígona:* a questão da moralidade. Campinas: Papirus, 1992, p. 203: "Em sua nova formulação da teoria dos seis estágios morais, Kohlberg distingue três grandes níveis de moralidade: o pré-convencional, o convencional e o pós-convencional".

[15] Sobre o conceito de religião em Habermas: Cf. ARAÚJO, Luiz Bernardo Leite. *Religião e modernidade em Habermas.* (Coleção Filosofia, 37). São Paulo: Loyola, 1996.

[16] HABERMAS, Jürgen. *Teoría de la Acción Comunicativa:* racionalidad de la acción y racionalización social. Tomo I. Madrid: Taurus, 1992, p. 334.

[17] HABERMAS, Jürgen. *Teoría de la Acción Comunicativa:* racionalidad de la acción y racionalización social. Tomo I. Madrid: Taurus, 1992, p. 335.

serem consideradas como livremente estatuídas, e, por sua vez, enunciadas conforme princípios que têm validade tão-somente hipotética.[18]

O aspecto da racionalização do Direito reflete a mesma sequência que a psicologia evolutiva de Lawrence Kohlberg[19] caracterizou para a ontogênese da consciência moral, a saber, a pré-convencional[20], a convencional[21] e a pós-convencional.[22]

---

[18] LIMA VAZ, Henrique Cláudio de. *Escritos de Filosofia II:* ética e cultura. 2ª ed. (Coleção Filosofia, 8). São Paulo: Loyola, 1993, pp. 146/147: "A universalidade hipotética é aquela cujo fundamento permanece oculto e requer uma explicação a título de hipótese inicial não verificada hipoteticamente e que deve ser confirmada dedutivamente pelas suas consequências. É fácil observar que a universalidade nomotética constitui o horizonte das teorias do Direito Natural clássico, ao passo que a universalidade hipotética é o pressuposto epistemológico das teorias do Direito Natural moderno". E mais adiante, referindo-se à passagem da universalidade nomotética para a universalidade hipotética, p. 147: "É justamente essa passagem que constitui, talvez, o desafio maior da reflexão política contemporânea voltada para o processo histórico que assistiu à formação das modernas sociedades liberais e vive hoje a sua crise. Essa crise, por sua vez, recoloca em termos de extrema gravidade o problema das relações entre Ética e Direito".

[19] APEL, Karl-Otto. *Estudos de moral moderna.* Petrópolis: Vozes, 1994, pp. 228/229, para quem: "A importância da reconstrução valorativo-compreensiva e hierarquicamente diferenciadora da ontogênese da consciência moral consiste, certamente, no fato de ela expressar uma alternativa e um contra-argumento ao relativismo ético da sociologia empírica da cultura; porque a seqüência irreversível e a diferença (hierarquia) valorativa dos estágios, suposta na teoria de Kohlberg, de acordo com seu condicionamento ontogenético, é pensada, de saída, como interculturalmente invariante".

[20] FREITAG, Bárbara. *Os itinerários de Antígona:* a questão da moralidade. Campinas: Papirus, 1992, p. 203: "No nível pré-convencional, são diferenciados dois estágios: o estágio 1 (a moralidade heterônoma) e o estágio 2 (individualismo, intenção instrumental e troca). Neste nível a criança é sensível às regras sociais, distingue o bem e o mal, o certo e o errado, mas interpreta essas caracterizações ou como consequências físicas ou hedonísticas da ação (punição, recompensa, troca de favores), ou como poder físico dos que formulam as leis e definem o bem, o mal, o certo, o errado".

[21] FREITAG, Bárbara. *Os itinerários de Antígona:* a questão da moralidade. Campinas: Papirus, 1992, p. 203: "No nível convencional, Kohlberg diferencia o estágio 3 (expectativas interpessoais, relações e conformidade interpessoal) e estágio 4 (sistema social e consciência). Neste nível é considerado valioso em si preservar as expectativas da família, do grupo ou da nação a que pertence o sujeito. Trata-se não da conformidade, mas da lealdade para com as expectativas pessoais e ordem social. Trata-se de preservar, apoiar e justificar essa ordem, identificando-se com as pessoas e os grupos que a compõem".

[22] FREITAG, Bárbara. *Os itinerários de Antígona:* a questão da moralidade. Campinas: Papirus, 1992, p. 203: "No nível pós-convencional ou nível regulado por princípios, são

CAPÍTULO I - O DIREITO A PARTIR DA *TEORIA DA AÇÃO COMUNICATIVA*

Conforme o entendimento de Habermas[23], somente na etapa pós-convencional do Direito, portanto, no Direito moderno, as estruturas da consciência moderna materializam-se no sistema jurídico o que aos seus olhos acontece, precisamente, com o Direito privado burguês que se caracteriza através da positividade, da legalidade e do formalismo.

1.1.1 A positividade, a legalidade e o formalismo

Os três itens a seguir descritos[24] referem-se ao modo de validade e de criação (legislação) do Direito, aos seus critérios de coerção e de sanção e ao modo como se estrutura a ação jurídica.

O edifício do Direito moderno é construído a partir do modo como é posto, isto é, do modo como é positivamente estatuído. Diferentemente do Direito revelado e do tradicional, o Direito moderno expressa através da positividade a vontade de um legislador político que é mandatário da soberania popular.[25] Por conseguinte, o legislador, usando do meio de organização que é o Direito, ordena situações sociais. E é através da positividade que essas ordenações são traduzidas.

A legalidade possibilita aos sujeitos de direito um alívio em relação às decisões éticas a serem tomadas, uma vez que os modos de comportamento são expressos através das leis. Ou seja, as inclinações privadas são protegidas pelos limites estabelecidos em lei, através da sanção sobre comportamentos desviantes, por conseguinte, sobre aqueles comportamentos que se afastam da conduta tida como lícita. Assim, o Direito moderno introduziu as categorias de responsabilidade e de culpa.

---

distinguidos os estágios 5 (contrato social ou utilidade e direitos individuais) e 6 (princípios éticos universais). Neste nível, há o esforço visível de definir valores e princípios morais que tenham validade independentemente da autoridade de grupos ou pessoas que os sustentem e independentemente da identificação do sujeito com as pessoas do grupo".

[23] HABERMAS, Jürgen. *Teoría de la Acción Comunicativa:* racionalidad de la acción y racionalización social. Tomo I. Madrid: Taurus, 1992, p. 336.

[24] HABERMAS, Jürgen. *Teoría de la Acción Comunicativa:* racionalidad de la acción y racionalización social. Tomo I. Madrid: Taurus, 1992, p. 336.

[25] Cf. HABERMAS, Jürgen. *Direito e Democracia:* entre facticidade e validade. Tomo I. Rio de Janeiro: Tempo Brasileiro, 1997, pp. 116-139.

É através do recurso ao formalismo que Habermas vai entender o Direito moderno como possibilitador da liberdade em termos negativos, ou seja, como esfera que possibilita aquele espaço onde os sujeitos de direito podem exercer livremente seu arbítrio resguardadas da intervenção estatal e/ou privada. Pois aqui é permitido, logo, é lícito tudo aquilo que não é proibido. Nesse âmbito, não há uma regulação positiva dos deveres materiais concretos, mas sim a possibilidade de fazer ou deixar de fazer tudo aquilo que não é vedado em lei.

Através dessas características supõe-se que as pessoas pautam suas ações de modo estratégico, pois agem de conformidade com três posturas básicas[26]: em primeiro, obedecendo às leis, que são fruto de um consenso publicamente estabelecido e como tal podem ser legitimamente alteradas; em segundo, agindo conforme seus próprios interesses sem menção à intenção ética da ação; e, por último, tirando o maior proveito possível da possibilidade auferida na ação em conformidade à lei, pois são previsíveis as consequências da ação realizadas segundo os parâmetros jurídicos.

As três características acima descritas são, no entender de Habermas, esferas segundo as quais as ações estratégicas são institucionalizadas[27] por meio do padrão jurídico. Explicita a forma através da qual o Direito moderno satisfaz as exigências sistêmicas da esfera econômica. Por sua vez, a funcionalidade sistêmica desempenhada pelo Direito moderno possibilita a instauração de um padrão de comportamento que tem como eixo as ações racionais conforme fins. No entanto, isso ainda não explica como são possíveis essas estruturas jurídicas. O que se quer frisar é o seguinte: não se discorda que o Direito moderno seja indispensável para a institucionalização das ações racionais conforme fins, mas isso, no entanto, não explica como o Direito, a partir das características estruturais acima mencionadas, pode cumprir as funções a ele creditadas. A questão é como se faz o trânsito da estrutura pós-tradicional da consciência para a forma do Direito moderno, o que segundo ele o Direito já encarnara.

---

[26] HABERMAS, Jürgen. *Teoría de la Acción Comunicativa:* racionalidad de la acción y racionalización social. Tomo I. Madrid: Taurus, 1992, pp. 336/337.

[27] HABERMAS, Jürgen. *Teoría de la Acción Comunicativa:* racionalidad de la acción y racionalización social. Tomo I. Madrid: Taurus, 1992, p. 337.

CAPÍTULO I - O DIREITO A PARTIR DA *TEORIA DA AÇÃO COMUNICATIVA*

Isso representa, para Habermas, um equívoco na posição weberiana. Ora, para Habermas, a deficiência de Weber se dá no momento em que ele não entendeu que a racionalidade jurídica[28] se dá a partir de uma esfera de valor prático-moral, por conseguinte, normativa. Weber age de modo contrário, interpreta o Direito moderno a partir unicamente da perspectiva da racionalidade conforme fins, logo, a partir de uma racionalidade tão-somente estratégica.

Com a introdução das características do Direito moderno, a saber, a positividade, a legalidade e o formalismo, introduz-se uma exigência de fundamentação[29] que não pudera ser cumprida pelas etapas anteriores do Direito. Ou seja, a exigência de fundamentação do Direito não pode firmar-se nem a partir do sagrado, nem do tradicional. No entanto, essa exigência de fundamentação só pode efetuar-se onde a consciência moral atingiu um nível pós-tradicional, pois é aqui que pela primeira vez surge a ideia de que as normas jurídicas são suscetíveis à crítica, por conseguinte, que são falíveis.[30] A exigência da universalidade[31] das normas como

---

[28] MCCARTHY, Thomas. "Reflexiones sobre la racionalización en La Teoría de la Acción Comunicativa". GIDDENS, Anthony; JAY, Martin; *et al* (coord.). *Habermas y la modernidad*. 3ª ed. Madrid: Catedra, 1994, pp. 279/280: "Así la actitud objetivadora respecto a los mundo objetivo y social produce la 'racionalidad cognitivo-instrumental' de la ciencia y la tecnología, incluyendo la tecnología social; la actitud de ajustarse a la norma respecto a los mundos social y subjetivo produce la 'racionalidad práctico-moral' del tratamiento sistemático de la ley y la moralidad; y la actitud expresiva respecto a los mundos subjetivo y objetivo produce la racionalidad 'práctico-estética' de las auténticas interpretaciones de las necesidades del erotismo y el arte".

[29] Cf. o segundo e o quarto capítulos do presente estudo.

[30] Normas jurídicas, as quer entender Habermas, como uma criação humana histórica falível que necessitam, pois de uma ulterior justificação, como também de uma série de outras considerações como a da distinção entre princípios e normas de ação; que normas jurídicas são regidas por princípios, que essas regras, normativamente vinculantes, são o resultado de um consenso racional, a suposição da ideia de um contrato social autorizador das relações sociais concretas etc.

[31] HABERMAS, JÜRGEN. *Consciência Moral e Agir Comunicativo*. Rio de Janeiro: Tempo Brasileiro, 1989, p. 147: "(U) Toda norma válida tem que preencher a condição de que as consequências e efeitos colaterais que previsivelmente resultem de sua observância *universal,* para a satisfação dos interesses de *todo* o indivíduo possam ser

critério de sua aceitabilidade[32] pressupõe o surgimento do homem como sujeito de direito e que, em princípio, todos os homens sejam livres e iguais e que são esses sujeitos os criadores do Direito enquanto tal. É essa, segundo Habermas, a herança herdada do Direito Natural racional, bem como é esse o modelo que nos foi legado por sujeitos livres e iguais para a busca do fundamento do Direito.[33]

Habermas é de opinião que o Direito moderno, ao realizar a distinção entre moralidade e legalidade[34], introduz a necessidade de justificação prática para as normas legais. No entanto, ao estabelecer a vinculação entre normas de ação e normas jurídicas, o Direito moderno remete, por sua vez, à necessidade de uma moralidade fundada em princípios. Isto é, quando um indivíduo pauta sua ação pela descrição de cunho prático contida na lei, ele, ao mesmo tempo que se guia pela lei, pergunta pela base de validade do Direito que, em última instância, é fornecida por princípios morais.[35]

---

aceitos sem coação por *todos* os concernidos". É essa a formulação dada por Habermas ao princípio de universalização (U).

[32] HABERMAS, Jürgen. *Direito e Democracia:* entre facticidade e validade. Tomo I. Rio de Janeiro: Tempo Brasileiro, 1997, p. 142. A formulação dada por Habermas, neste livro, ao princípio de justificação (D) é o seguinte: "São válidas as normas de ação às quais todos os possíveis atingidos poderiam dar o seu assentimento, na qualidade de participantes de discursos racionais".

[33] HABERMAS, Jürgen. *Teoría de la Acción Comunicativa:* racionalidad de la acción y racionalización social. Tomo I. Madrid: Taurus, 1992, p. 338.

[34] OLIVEIRA, Manfredo Araújo de. *Ética e racionalidade moderna.* (Coleção Filosofia, 28). São Paulo: Loyola, 1993, p. 17: "Ocorre na modernidade um processo de positivação do direito: é direito o que é estabelecido enquanto tal, que vem acoplado a um processo de legalização e formalização. É exatamente a separação típica da modernidade entre legalidade e moralidade que é condição de possibilidade da institucionalização do dinheiro e do poder numa perspectiva funcional. O desenvolvimento da sociedade moderna é, assim, a institucionalização das relações mercantis e do poder político através do Direito Positivo. Uma vez estabelecida a economia capitalista como subsistema de ação instrumental, ela não necessita mais da orientação de ordem ética. Literalmente, a ética é substituída pelo direito, ou seja, os contextos de ação, eticamente neutralizados, podem ser separados legitimamente, por procedimentos formais, do estabelecimento, e da fundamentação de normas".

[35] HABERMAS, Jürgen. *Consciência Moral e Agir Comunicativo.* Rio de Janeiro: Tempo Brasileiro, 1989, p. 116: "A fundamentação esboçada da ética do discurso evita confusões

CAPÍTULO I - O DIREITO A PARTIR DA *TEORIA DA AÇÃO COMUNICATIVA*

Contudo, há um deslocamento do problema de fundamentação oriundo da positivação do Direito moderno. Trata-se do alívio causado pelo uso do instrumental jurídico à problemática de fundamentação. Não se trata, porém, afirma Habermas[36], da eliminação desse problema. Entrementes, com a estrutura pós-tradicional da esfera jurídica aguça-se a questão, pois a fundamentação do Direito passa ser agora uma questão de princípios. É isso o que se observa no bojo das constituições modernas, especialmente nas seções dedicadas aos Direitos fundamentais e ao princípio da soberania popular, o que torna o problema da justificação estritamente necessário, uma vez que pelo processo mesmo de criação das leis se introduz no seu interior a estrutura peculiar da fundamentação.

Progressivamente, porém, o Direito converte-se em instrumento de dominação política. No entanto, é nesse momento que o Direito se torna mais carente de fundamentação[37] uma vez que esse processo o acompanha desde a passagem de um Direito tradicional para um Direito pós-tradicional, de modo que esse esforço de fundamentação pode ser caracterizado como a expressão de um acordo (consenso) racional de todos os cidadãos. Para Habermas, a interpretação de Weber reduz toda a problemática sobre o Direito moderno ao problema da dominação legal, uma vez que, por vezes, chega a identificar a necessidade pós-tradicional de fundamentação do Direito ao processo de positivação. Isso se dá precisamente porque Weber não leva em consideração as exigências de fundamentação incorporadas ao Direito moderno, desde o século XVIII, pela escola do Direito Natural racional. Exigências[38] indispensáveis para a compreensão do sistema jurídico como tal e pelos fundamentos legais do Direito público. No entanto, na concepção

---

quanto ao uso do 'princípio moral'. O único princípio moral é o referido princípio da universalização, que vale como regra de argumentação e pertence à lógica do Discurso prático".

[36] HABERMAS, Jürgen. *Teoría de la Acción Comunicativa:* racionalidad de la acción y racionalización social. Tomo I. Madrid: Taurus, 1992, p. 338.

[37] HABERMAS, Jürgen. *Teoría de la Acción Comunicativa:* racionalidad de la acción y racionalización social. Tomo I. Madrid: Taurus, 1992, p. 339.

[38] HABERMAS, Jürgen. *Teoría de la Acción Comunicativa:* racionalidad de la acción y racionalización social. Tomo I. Madrid: Taurus, 1992, p. 340.

habermasiana, Weber não leva isso em consideração quando interpreta o Direito moderno precisamente como portador de uma racionalidade conforme fins. E isso Weber deixa transparecer, em sua opinião, na interpretação proposta sobre o Direito Natural racional, a fé na legalidade e sobre o problema da racionalidade material.

1.1.2 O Direito Natural Racional, a Fé na Legalidade e a Racionalidade Material

Pode-se considerar o Direito Natural racional[39] como uma elaboração teórica para solucionar o problema da validade das estruturas sociais e políticas estruturadas juridicamente. Essa proposta teórica articula um nexo entre a legitimidade do Direito Positivo e suas condições formais.

O Direito Natural racional representa[40] uma etapa mais sofisticada da racionalidade prático-moral do que, por exemplo, a da ética protestante, e isto se deve ao fato de ele repousar sobre um princípio racional de fundamentação. Para Habermas, Weber não aceita a identificação do Direito Natural racional com o Direito moderno, isso devido ao fato de Weber entender o Direito moderno em sentido estrito, como uma categoria que firma suas bases sobre o princípio da positividade, sendo assim, contrário a acordos racionais e à ideia de fundamentação por mais formal que essa possa ser. No entanto, Weber sugere que tanto as normas jurídicas quanto as normas éticas pertencem ao mesmo gênero das leis da natureza, uma vez que são regras universalmente vinculantes que nem Deus poderia recusar[41] e contra a qual nenhuma norma jurídica poderia instituir-se.

---

[39] HABERMAS, Jürgen. *Teoría de la Acción Comunicativa:* racionalidad de la acción y racionalización social. Tomo I. Madrid: Taurus, 1992, p. 340.

[40] HABERMAS, Jürgen. *Teoría de la Acción Comunicativa:* racionalidad de la acción y racionalización social. Tomo I. Madrid: Taurus, 1992, p. 341.

[41] SÓFOCLES. "Antigona". *Édipo Rei.* A Trilogia Tebana. 2ª ed. Rio de Janeiro: Jorge Zahar Editora, 1991. Versos 511-523. Cf. FREITAG, Bárbara. *Os itinerários de Antígona*: a questão da moralidade. Campinas: Papirus, 1992, p. 157: "A questão chave da peça de Sófocles não é o conflito surgido entre Antígona e Creonte mas a questão da integração sistêmica deficitária entre o *oikós* e a *polis*. A continuidade e o equilíbrio da

CAPÍTULO I - O DIREITO A PARTIR DA *TEORIA DA AÇÃO COMUNICATIVA*

A crítica de que o Direito Natural racional, nos séculos XVII e XVIII, tem ainda uma forte conotação metafísica, opina Habermas[42], não é uma crítica suficientemente ponderada uma vez que, mediante a instituição de um contrato, os sujeitos jurídicos, livres e iguais, regulariam consensualmente seus interesses de modo racional. Assim, os teóricos do jusnaturalismo transformar-se-iam nos primeiros a oferecer uma tentativa de solução à problemática de uma fundamentação procedimental do Direito[43], ou seja, secularizar o próprio ato de criação do Direito, uma vez que, tendo um caráter hipotético[44], sua base de validade poderia, em princípio, ser contestada. Assim, as categorias 'natureza' e 'razão' não são simplesmente categorias metafísicas, mas satisfazem as exigências formais a fim de que um acordo seja tido como legítimo, isto é, que possa ser tido como um acordo racional.

A partir da análise weberiana sobre o Direito, a questão agora, para Habermas[45], é saber como, a partir de uma concepção positivista, legitima-se uma dominação legal. Partindo do pressuposto que toda dominação legal tem que pôr o problema da legitimidade dessa dominação, a pergunta levantada é: como se legitima uma dominação legal, uma vez que a dominação baseia-se em puro arbítrio, ou seja, baseia-se

---

sociedade tebana dependem da solução desse desajustamento sistêmico. Antígona e Creonte agiram ambos corretamente porque agiram de acordo com os padrões normativos vigentes em seu subsistema".

[42] HABERMAS, Jürgen. *Teoría de la Acción Comunicativa:* racionalidad de la acción y racionalización social. Tomo I. Madrid: Taurus, 1992, p. 342.

[43] Cf. Permito-me remeter para a nota 24 supra.

[44] VAZ, Henrique Cláudio de Lima. *Escritos de Filosofia II:* ética e cultura. 2ª ed. (Coleção Filosofia, 8). São Paulo: Loyola, 1993. pp. 174/175: "Com efeito, o fundamento dessa relação é buscar naquela que denominamos universalidade *hipotética*, ou seja, na hipótese de um modelo de sociedade no qual as relações do indivíduo com o todo social sejam deduzidas analiticamente a partir do pacto de associação. Como o pacto de associação ou o contrato social é formulado como garantia dos interesses e das capacidades do indivíduo, o Direito passa a ser conceptualizado fundamentalmente como convenção garantidora desses interesses e da satisfação dessas necessidades".

[45] HABERMAS, Jürgen. *Teoría de la Acción Comunicativa:* racionalidad de la acción y racionalización social. Tomo I. Madrid: Taurus, 1992, p. 343.

na decisão não justificada de quaisquer das pretensões de validade? Para Weber a resposta é: a dominação legal legitima-se mediante um procedimento. Segundo Habermas, legitimação segundo um procedimento não significa o recurso às condições formais de justificação das normas jurídicas, mas quer dizer a observância de procedimentos da gênese à aplicação do Direito, ou seja, da etapa de sua criação legislativa até a sua interpretação e aplicabilidade jurisdicional. Assim, a legalidade significa a concordância ao juridicamente vigente, consequentemente, ao que é estatuído de fato como Direito.

Dessa forma não se apresenta o problema da legitimação do tipo prático moral. Em outros termos, não se distingue entre questões de fato e questões de direito. A questão suscitada é: como pode então surgir a fé na legalidade? Ou, qual é a legitimidade da legalidade? Qual é a *Ratio legis*, ou a *Ratio iuris*? Para Habermas só há uma resposta, a saber: que a legalidade obtém sua validade a partir da suposição da legitimidade do ordenamento jurídico. Assim sendo, a fé na legalidade pressupõe um preliminar acordo racional sobre a legitimidade de uma ordem jurídica. Ou seja, é legal porque é legítimo. A legalidade funda-se em um assentimento racional dos sujeitos de direito, livre e iguais, que, após fundarem uma ordem jurídica justa e equitativa, creem na legalidade porque essa legalidade é derivada desse assentimento.

A tese defendida por Habermas é a de que não se pode supor que a fé na legalidade de um procedimento legitime-se por si mesma[46], pois a correção processual das etapas de formulação do Direito apontam para a base de validade do Direito.[47] Portanto, o que dá força à legalidade é justamente a certeza de um fundamento racional que transforma em válido todo o ordenamento jurídico. E é, justamente, esse consenso, racionalmente alcançado, que dá força factual à pretensão de validade do que é de fato tido e instituído como Direito.

---

[46] HABERMAS, Jürgen. *Teoría de la Acción Comunicativa:* racionalidad de la acción y racionalización social. Tomo I. Madrid: Taurus, 1992, p. 344.

[47] Cf. o terceiro capítulo deste trabalho, bem como: HABERMAS, Jürgen. *Direito e Democracia:* entre facticidade e validade. Tomo I. Rio de Janeiro: Tempo Brasileiro, 1997, pp. 48-63.

CAPÍTULO I - O DIREITO A PARTIR DA *TEORIA DA AÇÃO COMUNICATIVA*

Weber confunde o apelo à fundamentação racional com o apelo a valores particulares.[48] Com isso interpreta, segundo Habermas, a racionalização material do Direito não como um passo progressivo para a ética, mas como um gradual desmantelamento da concepção de racionalidade cognitiva de que o Direito é portador. Concepção que põe em questão a ideia do formalismo jurídico.

A interpretação dada por Weber às qualidades formais do Direito propicia o esquecimento de suas qualidades prático-morais, trazidas ao Direito[49] pela exigência de uma legitimação racional introduzida pelo princípio de fundamentação, reduzindo o Direito à sua dimensão cognitivo-instrumental. Para Habermas, Weber considera a trajetória moderna do Direito como uma configuração neutra das esferas de ação, descritas através da lógica meio-fim, caracterizada em última instância por uma ação estratégica. Diferentemente da esfera da ética e da esfera racional da vida, segundo Habermas, Weber interpreta o Direito como uma instância que tornou secundário o aspecto prático-moral e se especializou em ações do tipo instrumental ou estratégico. E Weber baseia sua interpretação a partir de dois indicadores empíricos[50], a saber, a progressiva sistematização do ordenamento jurídico através de uma lógica interna própria, o que o faz pelo seu respectivo manejo por operadores tecnicamente qualificados, e a identificação da legitimidade à legalidade, propiciando a transferência dos problemas de fundamentação para os de procedimento.

1.2. O DIREITO COMO DESCONEXÃO ENTRE SISTEMA E MUNDO DA VIDA

Centraremos agora nossos esforços na análise habermasiana da evolução social e o respectivo aumento da complexidade sistêmica. A

---

[48] HABERMAS, Jürgen. *Teoría de la Acción Comunicativa*: racionalidad de la acción y racionalización social. Tomo I. Madrid: Taurus, 1992, p. 346.

[49] HABERMAS, Jürgen. *Teoría de la Acción Comunicativa*: racionalidad de la acción y racionalización social. Tomo I. Madrid: Taurus, 1992, p. 347.

[50] HABERMAS, Jürgen. *Teoría de la Acción Comunicativa*: racionalidad de la acción y racionalización social. Tomo I. Madrid: Taurus, 1992, p. 347.

gradual institucionalização da diferenciação sistêmica é percebida a partir do mundo da vida[51] dos afetados. Não trataremos como esse fenômeno expressa-se nas sociedades arcaicas e tradicionais, mas somente nas assim chamadas sociedades modernas.

Nas sociedades modernas há uma rede funcional desligada de contextos normativos que através de processos contínuos de intercâmbio formam subsistemas, constituindo um desafio para a capacidade de assimilação do mundo da vida. Transformam-se em uma *segunda natureza*, vazia de conteúdo normativo.[52] Essa desconexão entre mundo da vida e sistema se reflete no modo de vida próprio dos modernos, uma vez que o sistema social rompe o horizonte do mundo da vida fugindo à compreensão originária da prática comunicativa cotidiana.

E o que se torna espantoso é a seguinte constatação: "quanto mais complexos se tornam os sistemas sociais, tanto mais provinciano se torna o mundo da vida".[53] Em sistemas sociais complexos, o mundo da vida se retrai convertendo-se em um subsistema como outro qualquer, o que não implica que possamos deduzir que o mundo da vida, para desenvolver-se, dependa do aumento da complexidade social. Ao contrário, a intenção é frisar que é o aumento da complexidade sistêmica que depende diretamente do aumento da multiplicidade e da pluralidade do mundo da vida.

---

[51] ROUANET, Sérgio Paulo. "Ética Discursiva e Ética Iluminista". *In: Mal-estar na modernidade:* ensaios. São Paulo: Companhia das Letras, 1993, p. 214: "Muito esquematicamente, a moral, para Habermas, tem suas raízes na *Lebenswelt*, no mundo vivido. O mundo vivido é o lugar das relações sociais espontâneas, das certezas pré-reflexivas, dos vínculos que nunca foram postos em dúvida. Ele tem três componentes estruturais: cultura, sociedade e personalidade. A cultura é o estoque de saber da comunidade, que contém os conteúdos semânticos da tradição, onde os indivíduos se abastecem dos modelos de interpretação necessários ao convívio social. A sociedade, *stricto sensu*, é composta dos ordenamentos legítimos pelos quais os membros da comunidade regulam suas solidariedades. A personalidade é um conjunto de competências que qualificam um indivíduo para participar da vida social".

[52] HABERMAS, Jürgen. *Teoría de la Acción Comunicativa:* crítica de la razón funcionalista. Tomo II. Madrid: Taurus, 1988, p. 244.

[53] HABERMAS, Jürgen. *Teoría de la Acción Comunicativa:* crítica de la razón funcionalista. Tomo II. Madrid: Taurus, 1988, p. 244.

CAPÍTULO I - O DIREITO A PARTIR DA *TEORIA DA AÇÃO COMUNICATIVA*

Valendo-se do patamar teórico elaborado por E. Durkheim e G. H. Mead, Habermas levantará a seguinte tese: o intercâmbio realizado entre sistema social e mundo da vida, qualquer que seja sua dinâmica, depende visceralmente de um tipo especial de racionalidade, a saber, da racionalidade comunicativa.[54]

O aumento da complexidade dos sistemas sociais só pode elevar-se com a introdução de um novo mecanismo sistêmico. Entretanto, esse mecanismo, para lograr êxito, tem necessariamente que estar ancorado no mundo da vida, pois precisa, para obter institucionalização, passar pelo crivo regulativo do ordenamento jurídico[55], o que só se torna possível devido à existência de instituições básicas que formam o núcleo da sociedade. No entanto, tais instituições básicas formam-se a partir de uma teia evolutiva que se produz, por sua vez, quando o mundo da vida passa por uma pertinente racionalização, acarretando ao Direito e à Moral uma respectiva transformação. Ou seja, a institucionalização de um novo mecanismo sistêmico[56] necessita da autorização da base regulativa dos conflitos de ação, logo, de um novo consenso regulador das interações que, por sua vez, fundamentam tanto a Moral quanto o Direito.

---

[54] HERRERO, Francisco Xavier. *"Racionalidade comunicativa e modernidade"*. Síntese Nova Fase, n. 37. Belo Horizonte, 1986, p. 19: "A racionalidade da ação comunicativa se baseia em atos de fala que levantam pretensões de validade que podem ser criticadas e fundamentadas sobre a força do melhor argumento. Na medida em que as pretensões de validade se referem aos três conceitos de mundo, a sua criticabilidade e fundamentabilidade não se refere só a um saber de tipo *cognitivo-instrumental*, mas igualmente a um saber de tipo *prático-moral* e *prático-estético*".

[55] HABERMAS, Jürgen. *Teoría de la Acción Comunicativa:* crítica de la razón funcionalista. Tomo II. Madrid: Taurus, 1988, p. 245.

[56] HERRERO, Francisco Xavier. *Racionalidade comunicativa e modernidade.* Síntese Nova Fase, n. 37. Belo Horizonte, 1986, pp. 24/25: "Enquanto a linguagem é portadora de uma instância de universalidade e de racionalidade, o mundo da vida é perfeitamente maleável aos processos de racionalização. (...) O 'telos' dessa racionalização do mundo da vida aparece quando o consenso é conseguido unicamente através do *medium* linguagem, o qual não é apenas *medium* de comunicação mas, ao mesmo tempo, sua norma imanente por causa dos pressupostos implicados. (...) O verdadeiro substrato do processo de racionalização são as estruturas da racionalidade implicadas e pressupostas pela linguagem. O processo de racionalização do mundo da vida aparece então como um desenvolvimento através do qual a linguagem desenvolve a sua lógica interna e chega a exercer a sua função específica de produzir consenso sobre a base de pretensões de validade diferenciadas e fundamentáveis racionalmente".

Contudo, cabe tanto à Moral quanto ao Direito apontar para um consenso racional toda vez que falhar o mecanismo de entendimento no âmbito da comunicação cotidiana, o que ocorre quando a normal coordenação das ações rotineiras fracassa e em seu lugar surge um risco de dissenso. É a partir dessas considerações que nosso autor vai classificar tanto a Moral quanto o Direito como normas de ação de segunda ordem[57], o que permitirá a ele oferecer um diagnóstico para as formas de integração social.

Partindo das conquistas da ontogênese moral de L. Kohlberg, Habermas indicará, no nível pós-convencional, a separação entre moralidade e legalidade o que acontecerá no Direito moderno[58]. Nessa etapa, onde a consciência moral rege-se por princípios, a moralidade está desvinculada de sua institucionalização, de sua exteriorização, ficando, portanto, centrada nas determinações internas do comportamento. O Direito moderno transformar-se-á em poder externo, imposto de fora, nos moldes do Direito sancionado pelo moderno Estado de Direito, estando, assim, os sujeitos de direito dispensados de pautarem-se por motivações éticas[59], uma vez que o que se exige é tão-somente a obediência abstrata ao sistema jurídico.

---

[57] HABERMAS, Jürgen. *Teoría de la Acción Comunicativa:* crítica de la razón funcionalista. Tomo II. Madrid: Taurus, 1988, p. 245. Ora, é essa ideia que põe o Direito como norma de segunda ordem que vai nortear a compreensão habermasiana sobre o Direito na *Teoria da Ação Comunicativa*, muito embora ele abra uma exceção para as chamadas Instituições jurídicas. No entanto, a interpretação de que o Direito é algo externo ao mundo da vida será preponderante. A intuição que descreve as instituições jurídicas como partes do mundo da vida só será levada às últimas consequências em seu livro *Direito e Democracia:* entre facticidade e validade.

[58] HABERMAS, Jürgen. *Teoría de la Acción Comunicativa:* crítica de la razón funcionalista. Tomo II. Madrid: Taurus, 1988, p. 246.

[59] A relação de preponderância do ético sobre o político foi explicitada pela primeira vez por Platão, em *A República*, embora já o tenha sido pelos ensinamentos de Sócrates. Cf. a esse respeito: SALGADO, Joaquim Carlos. "O Estado ético e o Estado poiético". *Revista do Tribunal de Contas do Estado de Minas Gerais*, Belo Horizonte, v. 27, n. 2, pp. 11/12, 1998: "Platão desenvolve o conceito de poder político ético a partir de Sócrates, o primeiro a pôr o problema ético perante o poder político como o mais importante. *A República* de Platão, a par de ser um tratado do poder político, do Estado, é ao mesmo tempo um tratado de justiça e um tratado de educação. Aí desenvolve Platão esses três

CAPÍTULO I - O DIREITO A PARTIR DA *TEORIA DA AÇÃO COMUNICATIVA*

Segundo a presente evolução, quer o autor demonstrar que esse processo é parte do modo de diferenciação que se operou no mundo da vida, refletindo-se na crescente autonomia dos sistemas sociais frente à cultura e à personalidade.[60] O que, em termos da Filosofia do Direito, fará com que se vincule, cada vez mais, a legitimidade a procedimentos formais de condução da criação e interpretação das normas jurídicas. Ou seja, são primordiais os passos formais que originam o Direito e de que modo isso é conduzido.

A tese de Habermas é a seguinte: sem uma correlata assunção do patamar jurídico a níveis convencionais ou pós-convencionais a evolução social não se constituirá em níveis de integração. Quer isso dizer que só em sociedades em que o Direito ultrapassou os limites do sagrado e passou a reger-se ou por prescrições oriundas da norma jurídica, ou, ainda, por uma ética da responsabilidade norteada, em última instância, por princípios, é que se pode chegar a uma integração social que tenha o Direito como portador desse sentido, uma vez que o Direito é aquela categoria que vai institucionalizar as demandas sociais.

Mas o que se entende por Direito? Nas sociedades primitivas, em um certo aspecto, brotam direitos de todas as normas de ação socialmente reconhecidas, ainda que o Direito se refira tão-somente àquelas transgressões que ponham em risco a integridade da sociedade. Entremente, o conceito moderno de Direito coativo, como ordenamento jurídico sob o monopólio do Estado, é muito estreito.[61] No entanto,

---

momentos que formam o conceito de Estado. A justiça é nesse movimento a finalidade do Estado, fornecendo ao mesmo tempo a forma de sua estruturação, já que o justo, como tarefa fundamental do Estado, é dar a cada um o que é seu, o seu lugar na sociedade, segundo seu mérito, aferido por suas aptidões. Justo, na *República* de Platão, é distribuir os cargos e encargos do Estado segundo essas aptidões. Entretanto, para isso ser feito, e o Estado funcionar como tal, como justo, era necessário formar o cidadão para suas funções e tarefas; isso era feito pela educação, voltada para o desenvolvimento do cidadão quanto à sua formação e inserção na vida social e política".

[60] HABERMAS, Jürgen. *Teoría de la Acción Comunicativa*: crítica de la razón funcionalista. Tomo II. Madrid: Taurus, 1988, p. 247.

[61] HABERMAS, Jürgen. *Teoría de la Acción Comunicativa*: crítica de la razón funcionalista. Tomo II. Madrid: Taurus, 1988, p. 248.

para efeito de nossa pesquisa, interessa-nos o modo como Habermas utilizará a figura de restabelecimento do *status quo* para caracterizar o processo de evolução do Direito.

Nas sociedades primitivas, a normalidade do aparato jurídico é restituída de dois modos: um dos modos é através da recuperação dos danos causados à pessoa ofendida; o outro através do castigo ao infrator. O importante é notar que a infração é julgada segundo os moldes do prejuízo causado, pois nesse caso o que conta é a consequência oriunda da infração e não a intenção do autor. Na peça *Édipo Rei*, de Sófocles[62], por exemplo, quando é posto a descoberto o incesto cometido entre Édipo e Jocasta, a sociedade toda é posta em perigo. Todas as pragas levantam-se contra a cidade. Nesses casos, a inocência dos transgressores não conta. A sociedade tem que ser purificada. A restituição à situação original, isto é, a situação anterior à ofensa, tem a missão de livrar a comunidade dos perigos oriundos de tal violação. O retorno à normalidade é como que um ato de purificação, pois a transgressão rompe a ordem normal das coisas e é preciso que haja um ato que una o que foi rompido. E isso não se dá através de uma autoridade jurisdicional sob o monopólio estatal, mas de uma comunidade religiosa, daí o sentido etimológico do termo religião (*re-ligare*): tornar a unir o que se rompera.

Já nas sociedades estatalmente organizadas o fundamento da autoridade política é depositado sobre quem monopoliza o poder de sanção, e isso é o que dá, a quem ocupa esse cargo, uma poder socialmente vinculante.[63] O soberano retira a capacidade de mando muito mais da legitimidade que lhe advém do sistema jurídico do que da capacidade fática de mando. Ou seja, a função de dizer o Direito (jurisdição) é reconhecida como critério absoluto para determinar o sentido jurídico das coisas. Quer dizer, a faculdade de dispor do monopólio da sanção constitui o núcleo do poder político, o que, por sua vez, só é possível quando a Justiça se institucionaliza numa etapa convencional da

---

[62] SÓFOCLES. *Édipo Rei*. A Trilogia Tebana. 2ª ed. Rio de Janeiro: Jorge Zahar Editora, 1991.

[63] HABERMAS, Jürgen. *Teoría de la Acción Comunicativa:* crítica de la razón funcionalista. Tomo II. Madrid: Taurus, 1988, p. 250.

CAPÍTULO I - O DIREITO A PARTIR DA *TEORIA DA AÇÃO COMUNICATIVA*

consciência moral. Nessa etapa, a transgressão de uma norma representa uma violação a normas socialmente reconhecidas, praticadas por um sujeito responsável por seus atos, e, como tal, a sanção à transgressão é oriunda da ideia de quebra da legalidade. Portanto, quer-se reparar o dano causado por uma ação contrária à juridicidade.

Em consequência, tem-se a formação do aparato judicial como instituição que administra a justiça e a posição do juiz como aquele que garante o ordenamento jurídico através de um poder sancionador. Sendo que tal posição se apoia na necessidade estrutural do ordenamento jurídico de ter um defensor. E o juiz, cujo poder é tido como legítimo, é reconhecido como aquele que, através da autoridade do Direito, monopoliza o poder de sanção, logo, de dizer e de restituir o Direito. Desse modo, a jurisdição cristaliza-se em poder político e, consequentemente, na opinião habermasiana, tem-se que a judicatura se converte em domínio político.

Do bojo do Direito tradicional, mais propriamente da desagregação da concepção pré-convencional da arbitragem, surge, a partir de uma etapa de consciência em nível convencional, o Direito civil.[64] O Direito, nessa etapa, é aquela instituição, ou melhor, aquela metainstituição a quem cabe garantir a integração social que não é suficientemente realizada pelas instituições originárias do mundo da vida. Habermas insiste, nesse ponto, na ideia, já antes ventilada, de duas ordens na hierarquia das instituições sociais. São de primeira ordem aquelas que pertencem à espontaneidade do mundo da vida. O Direito, no entanto, por ser um invólucro, um véu que encobre o mundo da vida, é caracterizado como uma instituição de segunda ordem, pois a originalidade das relações sociais lhe são, em princípio, independentes. Essa é exatamente a concepção habermasiana sobre a gênese do Direito moderno que perpassa grande parte da *Teoria da Ação Comunicativa*.

Mas, por que o Direito é uma instituição de segunda ordem? Porque as diversas vivências sociais originárias brotam de uma eticidade

---

[64] HABERMAS, Jürgen. *Teoría de la Acción Comunicativa:* crítica de la razón funcionalista. Tomo II. Madrid: Taurus, 1988, p. 251.

tradicional, de um universo de compreensão que como tal é compartilhado, de um horizonte de sentido comum e não a partir dos termos de uma manifestação social juridicizante. Pois nesse sentido, o Direito é uma instituição artificial que ocupa uma posição externa em relação à vida e ao modo como essa se reproduz em termos societários.

Entrementes, para Habermas, com o surgimento, na modernidade, da especificidade da economia através do meio dinheiro (mercado), surge um sistema de ação eticamente neutro que se institucionaliza através do Direito privado[65], sendo que o trabalho social se desacopla das normas de primeira ordem, ou seja, da sociabilidade originária e passa a acoplar-se, a fim de obter institucionalização, ao Direito civil. No momento em que as relações de trabalho passam a efetuar-se a partir de uma relação monetária, os marcos normativos são substituídos por uma relação mercantil.[66] Ou seja, a força de trabalho é negociada em termos contratuais, regulada por um Direito coercitivo, imposto de fora, sem remeter-se a motivos éticos.

A grande questão, segundo o autor, é entender que no quadro em que as estruturas do trabalho são modificadas pelo sistema econômico, o sistema positivo de Direito privado, que substitui as normas de uma sociabilidade originária geradas pela tradição, necessita de uma contínua atividade legislativa[67], de uma Justiça profissionalizada e de uma burocracia

---

[65] HABERMAS, Jürgen. *Teoría de la Acción Comunicativa:* crítica de la razón funcionalista. Tomo II. Madrid: Taurus, 1988, p. 251.

[66] SANTOS, José Henrique. "Assalto à razão administrada". *Jornal Estado de Minas*, Belo Horizonte, 23/05/1998. Caderno Pensar, p. 3: "A mão invisível de que falava Adam Smith se fecha inteiramente para amplas camadas da população, e só se abre inteiramente para poucos. A concentração de renda tem aumentado de forma exponencial no mundo globalizado. Ora, no Estado democrático, a Justiça tem por escopo garantir os direitos básicos do cidadão e legitimar a soberania do povo, transferida para o Estado através do sistema representativo. Como se pode suspeitar, a concentração de renda acabou por colocar o poder do Estado a serviço dos interesses do mercado. Vale dizer, dos interesses de classe, de modo que a antiga economia política perdeu a capacidade de orientar a produção e a circulação da riqueza social. A 'economia política' (*political economy*) se fez 'ciência econômica' (*economics),* economizando o adjetivo, considerado supérfluo. A lógica do mercado passou a tutelar o poder político".

[67] HABERMAS, Jürgen. *Teoría de la Acción Comunicativa:* crítica de la razón funcionalista. Tomo II. Madrid: Taurus, 1988, p. 252.

CAPÍTULO I - O DIREITO A PARTIR DA *TEORIA DA AÇÃO COMUNICATIVA*

estatal de formação jurídica que paute suas atividades pelas vias legalmente instituídas. Uma vez que o Direito civil perde o posto de uma metainstituição, forma-se, dentro do próprio sistema jurídico, uma hierarquia, uma vez que passam a existir instituições de primeira e segunda ordem. Pois agora, além da divisão entre Direito civil e penal, passa a existir uma outra especificidade, a saber, entre Direito privado e Direito público.

Na interpretação de Habermas o quadro é o seguinte: vivemos numa sociedade civil em que se age estrategicamente possibilitados por uma domesticação do mundo da vida efetuado pela esfera jurídica. Ou seja, a área de atuação do Direito privado. Por outro lado, temos os órgãos de Estado que se constituem enquanto estruturas a quem se pode recorrer toda vez que surge um conflito. Dito de outro modo, rompida a sociabilidade originária, o Estado é aquela esfera onde se busca a solução para os conflitos, fazendo ressurgir o consenso. Logo, o domínio do Direito público. Assim, com a positivação do Direito, os caminhos que conduzem à sua legitimação duplicam-se. Decisões estritamente legais aliviam o Direito moderno do peso da fundamentação. Entretanto, segundo sua opinião, com o fenômeno da positividade, as possibilidades de crítica ao ordenamento jurídico e a necessidade de se justificar a decisão de se converter em lei este ou aquele enunciado conduzem, invariavelmente, ao problema da fundamentação. Daí que, segundo Habermas, o princípio de positivação, característico do Direito moderno, implica, por sua vez, o princípio de fundamentação. Logo, positivação e fundamentação, para o Direito moderno, se pressupõem mutuamente.

E o sistema jurídico, para ele, necessita de instituições básicas capazes de legitimá-lo. Esse é justamente o papel desempenhado pelos Direitos fundamentais (Direitos Humanos) e pelo princípio da Soberania Popular, consolidados nas Constituições do moderno Estado de Direito. Portanto, são precisamente tais instâncias que garantem a simbiose entre o sistema jurídico eticamente neutro, reduzido à heteronomia, e a moralidade reduzida à esfera interna, ou seja, à autonomia. Em outra palavras, é isso que garante a comunicação entre o Direito público e o Direito privado. Entre minha intimidade, esfera do Direito privado, e minha vida social, esfera do Direito público.

1.3. A JURIDICIZAÇÃO COMO TENDÊNCIA DE COLONIZAÇÃO DO MUNDO DA VIDA

Agora passaremos a analisar o papel da juridicização, especialmente e em que medida ela é um aparato que favorece o "empobrecimento cultural e fragmentação da consciência cotidiana".[68] Não nos ateremos aqui às considerações habermasianas sobre a teoria de coisificação no capitalismo tardio, mas apenas a um de seus sintomas, isto é, que os subsistemas regidos pela Economia e pelo Estado, através do dinheiro e da burocracia[69], exercem uma colonização sobre a reprodução simbólica do mundo da vida.

Para que a reprodução simbólica[70] do mundo da vida venha a sofrer uma colonização é necessário: 1) que a sociabilidade originária esteja tão desarticulada que surja um profundo abismo entre os componentes do mundo da vida; 2) que as relações entre subsistemas e mundo da vida sejam reguladas através de processos diferenciadores; 3) que se forme um aparato simbólico onde, em troca de compensações sistêmicas, se exija a disponibilidade da força de trabalho e a delegação do poder político; 4) que o Estado social compense as esperanças de autorrealização e de autodeterminação, retiradas do mundo do trabalho e do mundo político, através da constituição de um novo sujeito, o cliente e o consumidor[71].

---

[68] HABERMAS, Jürgen. *Teoría de la Acción Comunicativa*: crítica de la razón funcionalista. Tomo II. Madrid: Taurus, 1988, p. 502.

[69] HERRERO, Francisco Xavier. *Racionalidade comunicativa e modernidade*. Síntese Nova Fase, n. 37, Belo Horizonte, 1986, p. 26: "A racionalidade comunicativa, orientada pela linguagem, é substituída pela racionalidade *teleológica*, dirigida e controlada pelos novos *media*. Assim, dinheiro e poder, como novos *media* de comunicação, possibilitam a diferenciação dos dois subsistemas de ação racional teleológica: economia e administração estatal".

[70] HABERMAS, Jürgen. *Teoría de la Acción Comunicativa*: crítica de la razón funcionalista. Tomo II. Madrid: Taurus, 1988, p. 503.

[71] HERRERO, Francisco Xavier. *Racionalidade comunicativa e modernidade*. Síntese Nova Fase, n. 37, Belo Horizonte, 1986, p. 27: "Do ponto de vista do mundo da vida, cristalizam-se em torno dessas relações de troca os papéis sociais de trabalhador e de consumidor do lado da esfera privada, e de cliente e de cidadão do lado da esfera pública".

CAPÍTULO I - O DIREITO A PARTIR DA *TEORIA DA AÇÃO COMUNICATIVA*

Quando a reprodução simbólica do mundo da vida assenta-se sobre uma base sistêmica[72], isso propicia efeitos danosos para o Estado social, visto que a reprodução cultural, a integração social e a socialização se reproduzem quando são assimiladas as condições de uma ação formalmente organizada. Habermas entende essas ações formalmente organizadas como relações expressas através do Direito moderno. Em síntese, quando a passagem da integração social para a integração sistêmica se faz através dos processos de juridicização. A intenção é demonstrar como a colonização do mundo da vida pelo sistema expressa-se através de um determinado tipo de juridicização.

Quer Habermas entender esse processo de juridicização como a tendência, presente nas modernas sociedades, do crescente aumento das tipificações das condutas tidas como jurídicas, ou seja, do avassalador aumento do ordenamento jurídico, visto que as matérias que compõem o quadro de reprodução material e simbólica da vida, que outrora tinham uma regulação informal ou mesmo que eram regidas por um recurso à tradição, agora, passam a manifestar-se através da codificação, ou seja, são traduzidas e expressas por uma legislação pertinente, acarretando um crescimento assustador do aparato jurídico escrito.

Para descrever esse processo social de juridicização é preciso fazer referência a quatro fases[73] que expressam esse movimento através do recurso ao tipo de Estado adotado. A primeira jornada de juridicização surge na modernidade com o processo europeu de criação do Estado-nação, ou para usar termos habermasianos, do Estado burguês. O segundo, é aquele fruto da monarquia constitucional, que, segundo ele, a monarquia alemã do século XIX representa emblematicamente, produzindo assim o chamado Estado de direito. O terceiro, é o Estado fruto do movimento revolucionário da França[74] que dará origem, em

---

[72] HABERMAS, Jürgen. *Teoría de la Acción Comunicativa:* crítica de la razón funcionalista. Tomo II. Madrid: Taurus, 1988, p. 504.

[73] HABERMAS, Jürgen. *Teoría de la Acción Comunicativa:* crítica de la razón funcionalista. Tomo II. Madrid: Taurus, 1988, p. 505.

[74] HABERMAS, JÜRGEN. *Teoria y Praxis:* estudios de filosofía social. 2ª ed. Madrid: Tecnos, 1990, p. 96: "Las cabezas filosóficas de la Asamblea Nacional realizaron de una

1789, à Declaração dos Direitos do Homem e do Cidadão e ao Estado Democrático de Direito. O último, é aquele Estado fruto das reivindicações dos movimentos operários e sociais do século XX que vieram a caracterizar o Estado do bem-estar social, da assim chamada social-democracia europeia, numa palavra, o Estado social e democrático de direito. A partir da tematização dessas quatro grandes tendências de juridicização, Habermas analisará a desconexão entre sistema mundo da vida, bem como a relação[75] entre mundo da vida e esses sistemas que passam a ter uma lógica própria.

Pois bem, Habermas é de opinião que, no Absolutismo[76], o Direito europeu pôde possibilitar a institucionalização dos meios necessários para que a Economia e o Estado surgissem como subsistemas. No nascente Estado burguês se passou de uma sociedade estamental para uma sociedade regida pelo capital, onde todo o comércio, bem como as relações entre os burgueses, efetiva-se no quadro de uma ordem pautada pelo Direito privado, na medida em que pessoas naturais se convertem em os sujeitos de direito que agem de modo estratégico, regidas, em última instância, por um contrato. Essa ordem jurídica tem como traço as qualidades formais as quais já nos referimos, a saber, a positividade, a legalidade e o formalismo, e pôde estruturar-se a partir de um novo quadro conceitual marcado, sobretudo, pela nova conotação oriunda dos conceitos de lei e de pessoa de direito, que, de posse da liberdade enquanto arbítrio, pôde realizar transações comercias protegidas pelas exigências de

---

forma más estricta la ruptura del derecho natural moderno frente al clásico: frente a las normas, como siempre legitimadas en la naturaleza, ya no se comportaran prácticamente (en cualquier caso, no lo hizo la decisiva mayoria), sino que lo hicieron de un modo técnico; discutieron sobre los medios organizativos para la construcción de un orden social general. Solamente así la positivación del derecho natural se convirtió en una tarea revolucionaria: la filosofia ya no debía orientar acerca de un actuar políticamente sabio sometido a leyes, sino que, con la ayuda de leyes, debía instruir una organización técnicamente correcta".

[75] HERRERO, F. *Racionalidade comunicativa e modernidade*, p. 26: "É assim a partir da conexão de sistema e mundo da vida que Habermas pode reinterpretar as patologias modernas como deformação provocadas pela penetração dos subsistemas: economia e administração, no mundo da vida".

[76] HABERMAS, Jürgen. *Teoría de la Acción Comunicativa:* crítica de la razón funcionalista. Tomo II. Madrid: Taurus, 1988, p. 505.

CAPÍTULO I - O DIREITO A PARTIR DA *TEORIA DA AÇÃO COMUNICATIVA*

segurança dos negócios jurídicos. Isso é precisamente o que se constitui enquanto sua função, qual seja, garantir a liberdade e a propriedade da pessoa privada. Isso acontece porque se tem a pressuposição de que, no âmbito das ações jurídicas, todos somos iguais perante à lei. Assim sendo, a partir desse ponto, é possível dar uma abrangência totalizante às expectativas de comportamento, pois todas são enquadradas sob o ângulo da legalidade. No outro lado da moeda, temos um Direito público[77] que se estabelece enquanto produtor da juridicidade exercendo o monopólio do poder de sanção. E esse poder sancionador exerce-se em termos burocráticos. É necessário chamar a atenção para o seguinte aspecto: com o monopólio da força, o Estado passa a organizar-se em termos burocráticos para ter a possibilidade de exercer esse poder, para deixar de ser uma possibilidade e para ter a força em efetividade. Ora, o soberano passa a exercer a dominação legal porque tem necessidade de dominação. O monopólio da força que se fez jurídico converte-se não em um instrumento que garante a normalidade jurídica, mas em um instrumento, puro e simples, de dominação.

Esse quadro conceitual encontrará sua mais plena expressão, segundo Habermas, no *Leviatã* de T. Hobbes.[78] A ordem social é fruto da constituição da sociedade civil a partir do Estado. E o mundo da vida é o espaço da liberdade negativa: compreende o espaço de ação que não está descrito em termos institucionais. A partir daí o arbítrio de cada um

---

[77] HABERMAS, Jürgen. *Teoría de la Acción Comunicativa:* crítica de la razón funcionalista. Tomo II. Madrid: Taurus, 1988, p. 506.

[78] HABERMAS, Jürgen. *Teoria Y Praxis:* estudios de filosofía social. 2ª ed. Madrid: Tecnos, 1990, p. 70: "Como por un juego, Hobbes proyecta el derecho natural absoluto sobre una relación de los hombres entre sí interpretada maquiavelianamente; en esta medida, surge la apariencia de como si la legalidad del estado natural fuera aprehendida normativamente. En la realidad, Hobbes se sirve de estos derechos (el derecho a la libertad, el derecho a la igualdad, el derecho de todos a todo) en la concepción negativa: que no hay ningún dominio político, ninguna desigualdad social, ninguna propriedad privada, meramente como determinaciones descriptivas, desvertidas de su carácter normativo. Pues su análisis del estado natural del genero humano antes de toda socialización no es en modo alguno ético, sino que es fisicalista: tiene que ver con el aparato sensorial, co las reacciones instintivas, con los movimientos animales del ser vivo; con la dotación física de los hombres y con sus modos de reacción causalmente determinados".

define o que se deve e o que se pode fazer. A lógica é a seguinte: através de um contrato as pessoas constituem um espaço mínimo de atuação necessário para garantir a integridade física, a satisfação das necessidades empíricas e a paz pessoal. E os subsistemas, Economia e Estado[79], retiram do trabalho e da obediência normativa tudo que necessitam para constituir-se enquanto subsistemas.

Com a construção desse aparato teórico realizado por Hobbes, segundo Habermas[80], surgem as inovações que vão caracterizar o Estado burguês, a saber, o instrumental jurídico que vai permitir a institucionalização de uma racionalidade regida pelo poder e pelo dinheiro. No entanto, o contrato efetivou-se em termos de filosofia política na forma absolutista de poder, o que carece de uma base racional de legitimação. Assim, por não poder legitimar-se a si mesmo, essa forma de dominação cedeu lugar às exigências da moderna forma de vida: era preciso uma forma política de dominação que apresentasse uma base mais razoável de legitimação.

Com o Estado de direito burguês temos[81] a normatização de um poder político (público) que se fez jurídico-constitucional. O que temos de novo? A novidade é que agora os cidadãos, enquanto sujeitos de direito, têm direitos públicos que valem inclusive frente ao soberano. O exercício da dominação legal tem limites precisos de atuação. Habermas fala em coordenação entre os direitos dos cidadãos e os do soberano, de modo que se possa falar em império da lei. Isso significa que os direitos à vida, à liberdade e à propriedade privada do sujeito de direito já não são apenas uma área reservada à atuação individual. Tais liberdades já não são apenas liberdade negativa, mas a ideia de Estado de direito

---

[79] HERRERO, Francisco Xavier. *Racionalidade comunicativa e modernidade*. Síntese Nova Fase, n. 37, Belo Horizonte, 1986, p. 27: "Do ponto de vista dos subsistemas, o sistema econômico troca salários por prestações de trabalho, e bens e serviços por procura dos consumidores; o sistema administrativo troca prestações organizativas por impostos, e decisões políticas por lealdade de massas".

[80] HABERMAS, Jürgen. *Teoría de la Acción Comunicativa:* crítica de la razón funcionalista. Tomo II. Madrid: Taurus, 1988, p. 507.

[81] HABERMAS, Jürgen. *Teoría de la Acción Comunicativa:* crítica de la razón funcionalista. Tomo II. Madrid: Taurus, 1988, p. 508.

CAPÍTULO I - O DIREITO A PARTIR DA *TEORIA DA AÇÃO COMUNICATIVA*

implica o estabelecimento de normas jurídicas em nível constitucional, moralmente justificadas, que, em última instância, perpassam todo o sistema jurídico e a pertinente atividade estatal em seu todo. A exigência de fundamentação não se limita apenas à atividade de monopólio da força exercida pelo Estado, mas ao conjunto das atividades públicas.

Esse é o primeiro passo dado pelo Estado de direito para alcançar sua legitimidade a partir dele mesmo. O que vem a estar, de certo modo, em harmonia como a necessidade de legitimação que perpassa o projeto político da modernidade.

O Estado Democrático de Direito[82] é aquele cujo projeto já está contido na filosofia prática de Kant[83] e Rousseau, e que, de certo modo, foi vitorioso com a Revolução francesa.[84] Habermas caracteriza essa etapa de juridicização como aquela que deu forma jurídico-constitucional à ideia de liberdade já contida no conceito jusnaturalista de lei. A inovação frente ao quadro anterior, ou seja, ao Estado de direito, é que, aqui, os cidadãos são reconhecidos enquanto tais porque são a sede do poder político. Portanto, cidadão é aquele que participa da vida política. As leis são tidas como válidas, porque, em última instância, representam a vontade soberana do povo, ou melhor, elas, as leis, representam-na. A ideia de legislação é imediatamente associada a processos de decisão

---

[82] HABERMAS, Jürgen. *Teoría de la Acción Comunicativa:* crítica de la razón funcionalista. Tomo II. Madrid: Taurus, 1988, p. 509.

[83] SALGADO, Joaquim Carlos. *A ideia de justiça em Kant:* seu fundamento na liberdade e na igualdade. 2ª ed. Belo Horizonte: UFMG, 1995, p. 19: "O pensamento de Kant aparece como momento decisivo na formulação teórica de um novo conceito de justiça: a ideia de justiça como liberdade e igualdade e que, como ideia, não se realiza totalmente no momento histórico em que se ofereceram as condições concretas do seu aparecimento, mas fixa um projeto de realização futura, ainda que essa mesma realização seja problemática por força das novas condições concretas de vida que surgirão".

[84] SALGADO, Joaquim Carlos. *A ideia de justiça em Kant:* seu fundamento na liberdade e na igualdade. 2ª ed. Belo Horizonte: UFMG, 1995, p. 19: "Já na Revolução Francesa, outra foi a ideia de justiça, totalmente profana, como resultado de um processo que teve origem no humanismo de Renascença. Não mais configura a ideia de justiça uma igualdade qualquer, mas uma igualdade dos seres humanos, enquanto seres que são livres por natureza e criadores do seu próprio destino político, bem como da sua ordem jurídica".

parlamentar e a uma discussão pública. Há, para Habermas, a juridicização do processo de legitimação que se institucionaliza através do voto secreto, universal e igual e da liberdade de organização e associação. Aparece pela primeira vez, pelo menos com tanta nitidez, a ideia da separação do exercício do poder (Montesquieu) em Executivo, Legislativo e Judiciário.

O Estado social e democrático de direito[85] caracteriza-se pela constitucionalização das relações de classe. Exemplos empíricos dessa juridicização são as garantias trabalhistas e de seguridade social. E essa onda de juridicização, como nas etapas anteriores, obedece a uma tentativa de equilibrar em termos jurídicos a disputa que ocorre no âmbito da ação. Nesse caso, as normas jurídicas têm a função de manter, em níveis razoáveis, o conflito entre classes sociais. Ora, a função específica das garantias oferecidas pelo Estado democrático e social é absolver[86] os efeitos externos de uma produção baseada na mão de obra assalariada.

Assim, o papel desempenhado pelo cidadão[87], por um cidadão que se fez sujeito de direito, é a de um cliente que, agindo estrategicamente, persegue seus interesses privados. Essa é a causa pela qual se necessita de uma legislação social que seja marcada pela tentativa de dar respostas pontuais a sujeitos individuais, uma vez que tal legislação tem como fim responder concretamente a problemas específicos. Ocorre que a referida tipificação dos casos concretos[88] passa pelo *medium* da burocracia. Cabe a ela, à medida que se apresentam os casos concretos que se enquadram às situações tipificadas em lei, apresentar a prestação do serviço estatal. E isso se dá através de uma seleção daqueles casos que se enquadram, legal e administrativamente, aos prejuízos que se deseja indenizar.

---

[85] HABERMAS, Jürgen. *Teoría de la Acción Comunicativa:* crítica de la razón funcionalista. Tomo II. Madrid: Taurus, 1988, p. 510.

[86] HABERMAS, Jürgen. *Teoría de la Acción Comunicativa:* crítica de la razón funcionalista. Tomo II. Madrid: Taurus, 1988, p. 511.

[87] HABERMAS, Jürgen. *Teoría de la Acción Comunicativa:* crítica de la razón funcionalista. Tomo II. Madrid: Taurus, 1988, p. 512.

[88] HABERMAS, Jürgen. *Teoría de la Acción Comunicativa:* crítica de la razón funcionalista. Tomo II. Madrid: Taurus, 1988, p. 513.

CAPÍTULO I - O DIREITO A PARTIR DA *TEORIA DA AÇÃO COMUNICATIVA*

Aqui, surge, no entendimento de Habermas, a grande ambiguidade dessa etapa de juridicização[89] do Estado social. Ora, a partir do momento em que as políticas sociais desse Estado vão além da simples pacificação dos conflitos de classe surgidos no processo produtivo, e na medida em que se desenvolve uma onda de monetarização e burocratização das esferas nucleares do mundo da vida, e que os cidadãos, que outrora se caracterizavam pelo exercício do poder político, transformaram-se em clientes, surgem os efeitos colaterais da presente juridicização. O paradoxo é o seguinte: as políticas do Estado social e democrático visavam a integração social, no entanto, o processo de juridicização baseava-se, fundamentalmente, nos meios do dinheiro, através do processo produtivo, e do poder, fundado na burocracia, o que ocasionou uma desintegração[90] do modo de reprodução do mundo da vida, pois suas esferas de sociabilidade básica são reduzidas, paulatinamente, ao modelo jurídico empregado.

O efeito colateral dessa quarta juridicização consiste na secundarização da participação política. A democracia cede seu lugar à burocracia, pois a exigência democrática da participação política e do exercício da cidadania submete-se à forma como esses direitos políticos são exercidos, portanto, ao modo como se exige que eles sejam efetivados através de preceitos burocráticos. Ora, não se trata de negar ao cidadão seu direito ao voto, à associação e à participação, mas tão-somente de criar procedimentos burocráticos que se fazem indispensáveis à participação, o que evidentemente cria um embaraço, pois tentando institucionalizar a participação política através da criação de procedimentos que lhe deem

---

[89] HABERMAS, Jürgen. *Teoría de la Acción Comunicativa:* crítica de la razón funcionalista. Tomo II. Madrid: Taurus, 1988, p. 514.

[90] HERRERO, Francisco Xavier. *Racionalidade comunicativa e modernidade.* Síntese Nova Fase, n. 37, Belo Horizonte, 1986, p. 29: "Os desequilíbrios sistêmicos agem como *crises* quando as prestações respectivas do Estado ou da economia permanecem abaixo do nível estabelecido e prejudicam a reprodução simbólica do mundo da vida, provocando conflitos e resistências. Porém, antes que esses conflitos ponham em perigo a integração social e surja um estado de *anomia* social, eles são deslocados para a periferia, provocando uma perda de legitimação e/ou de motivação".

efetividade, acaba-se por impedir[91] que grande parte dos cidadãos tenham acesso a essas vias, o que acontece em todas as esferas da vida pública e política.

Outro caso que merece destaque é a crescente mutabilidade[92] e o aumento descomunal sofrido pelo Direito Positivo. Assim, a questão que se coloca é se as normas jurídicas podem ser legitimadas apenas pelo procedimento que as institui, ou se são passíveis de um fundamento material. Ora, para muitos, os adeptos do positivismo jurídico, já é suficiente perguntar-se se o ato que deu criação à lei, à sentença ou ao ato administrativo obedeceu rigorosamente às suas condições procedimentais. Isso feito, estão satisfeitas suas exigências de legitimidade. A complexidade e a extensão do ordenamento jurídico ratifica tal opinião, uma vez que, em muitos casos, a avalanche de dispositivos reguladores só possibilita levantar-se, quando muito, a questão do procedimento.[93]

Isso ocorre porque o Direito moderno, associado que está aos meios dinheiro e poder, também ele adota um papel de *medium*. Entrementes, Habermas distingue o Direito como *medium*, associado ao poder e ao dinheiro, do Direito entendido como uma *instituição*. O Direito entendido como instituição[94] é aquele que necessita de uma

---

[91] HABERMAS, Jürgen. *Teoría de la Acción Comunicativa:* crítica de la razón funcionalista. Tomo II. Madrid: Taurus, 1988, p. 515.

[92] HABERMAS, Jürgen. *Teoría de la Acción Comunicativa:* crítica de la razón funcionalista. Tomo II. Madrid: Taurus, 1988, p. 516.

[93] LUHMANN, Niklas. *Legitimação pelo Procedimento.* (Coleção Pensamento Político n. 15). Brasília: Universidade de Brasília, 1980, p. 41: "Os procedimentos pressupõem sempre uma organização básica, sendo possíveis só como sistemas parciais dum sistema maior, que lhes sobrevive, que os representa e que lhes mantêm determinadas regras de comportamento. Dentro deste quadro, possuem, porém, uma autonomia para a organização duma história própria e é através desta *história do processo jurídico* que reduzem ainda mais a complexidade que lhe é atribuída".

[94] HABERMAS, Jürgen. *Teoría de la Acción Comunicativa:* crítica de la razón funcionalista. Tomo II. Madrid: Taurus, 1988, pp. 516/517. Esse *insight* (intuição) que interpreta o Direito como uma instituição, Habermas não levará às últimas consequências na *Teoria da Ação Comunicativa*, pois o Direito, pode-se dizer, é algo externo ao mundo da vida. Daí ser o Direito um elemento que coloniza o mundo da vida. No entanto, em *Direito e Democracia:* entre facticidade e validade, ele a levará às últimas consequências.

CAPÍTULO I - O DIREITO A PARTIR DA *TEORIA DA AÇÃO COMUNICATIVA*

fundamentação racional, uma vez que se origina diretamente das exigências do mundo da vida, formando, junto com as normas informais, o pano de fundo da ação comunicativa. Por isso não é suficiente o apelo à legalidade. Faz-se mister levantar-se a pergunta pela validade dessas normas.

As instituições jurídicas, que como tais são normas, não se legitimam apenas com o recurso à pergunta sobre seu processo de criação ou mesmo ao recurso da positividade. Elas requerem mais. Exigem uma fundamentação, uma vez que são componentes do mundo da vida e como tal são portadoras de seu sentido.

A característica básica do Direito moderno[95], na opinião de Habermas, é a exigência, a um só tempo, de positivação e de fundamentação, o que, para ele, vai possibilitar o aumento das vias de fundamentação, como também a de um apelo não apenas à esfera jurídica quando da pergunta pela fundamentação, mas à pergunta pela instância moral que dá sustentação e validade ao ordenamento jurídico. Para ele fica muito claro o porquê da desconexão entre sistema e mundo da vida. Ao ser entendido simplesmente como um *medium* regulativo, logo, como um instrumento que, através da ameaça de sanção, garante a convivência entre as pessoas, não se levanta a pergunta pela fundamentação, mas apenas, à gênese de sua formulação em termos processuais. Assim, sendo, a desconexão entre sistema e mundo da vida harmoniza-se com a estrutura do Direito.

É, precisamente, porque as instituições jurídicas pertencem ao mundo da vida que se pode ir além da resposta dada pelo positivismo jurídico. É por isso, por conter em seu bojo uma dimensão ética, que se pode perguntar se uma norma jurídica é ou não legítima. Caso contrário, a simples observação dos preceitos processuais já seria suficiente. É a pergunta pela fundamentação que possibilita a mudança no Direito quando há uma discordância sobre a propriedade desta ou daquela norma. Ou melhor, só é possível e admissível a discordância

---

[95] HABERMAS, Jürgen. *Teoría de la Acción Comunicativa:* crítica de la razón funcionalista. Tomo II. Madrid: Taurus, 1988, p. 517.

porque se admite uma instância que está para além do Direito em termos deontológicos. Nessa linha, Habermas vai situá-lo como uma instituição que mantém uma continuidade com as normas de cunho ético[96], uma vez que, estando inserido em contextos sociopolíticos, poderá travar uma relação institucional com os contextos de ação comunicativamente estruturados e dar-lhes a força vinculante da sanção estatal.

Esse é o grande dilema que recai sobre aqueles que querem pensar a Filosofia do Direito, hoje: qual é o papel do Direito na modernidade? É um meio de institucionalização das esferas sistêmicas da vida, sendo assim, um instrumento requintado de dominação, ou é a esfera que, a partir do contexto de uma sociabilidade originária de que, ele, Direito, também faz parte, empresta-lhe força vinculante de tal sorte que venha a constituir-se enquanto instância que efetiva a liberdade?

Habermas é de opinião que as jornadas de juridicização acima descritas consubstanciam-se enquanto "novas instituições jurídicas que se refletem também na consciência jurídica da prática cotidiana".[97] Desse modo, ele entende a primeira jornada de juridicização como uma etapa que com a vinculação que se efetivou entre a legalidade de um lado e o Direito Privado e a burocracia de outro, tivemos a possibilidade de romper com a ordem anterior que se fundava sobre o poder e sob uma relação de dependência dos súditos em relação ao soberano. As três seguintes etapas de juridicização representaram um passo a mais rumo à conquista da liberdade na medida em que se vincula a relação entre os sujeitos de direito, os cidadãos, ao programa político a ser exercido. A orientação desse programa passou a levar a sério tal relação, o que, na etapa do Estado social e democrático de direito, veio a expressar-se como uma recusa àquelas relações modernas de poder fundadas no dinheiro e no poder, ou seja, nas relações advindas a partir das relações com a burguesia e com a burocracia composta nos subsistemas Estado e Economia.

---

[96] Cf. sobre a relação entre a Moral e o Direito: HABERMAS, Jürgen. *Direito e Democracia:* entre facticidade e validade. Tomo II. Rio de Janeiro: Tempo Brasileiro, 1997, pp. 139 a 153. Neste trabalho, quarto capítulo.

[97] HABERMAS, Jürgen. *Teoría de la Acción Comunicativa:* crítica de la razón funcionalista. Tomo II. Madrid: Taurus, 1988, p. 518.

CAPÍTULO I - O DIREITO A PARTIR DA *TEORIA DA AÇÃO COMUNICATIVA*

Quando o Direito é visto apenas como um meio de controle e não como uma esfera que compõe o mundo da vida[98], não tem sentido, para Habermas, levantar a pergunta sobre se o Direito garante ou não a liberdade, pois a pergunta sobre a liberdade só se põe a partir de um Direito entendido enquanto sociabilidade originária, consubstanciado nas instituições jurídicas.

---

[98] HABERMAS, Jürgen. *Teoría de la Acción Comunicativa:* crítica de la razón funcionalista. Tomo II. Madrid: Taurus, 1988, pp. 518/519.

Capítulo II

PRIMEIRO ESBOÇO DE FUNDAMENTAÇÃO DO DIREITO

2.1. O CARÁTER RACIONAL DA DOMINAÇÃO LEGAL: A LEGITIMIDADE ORIUNDA DA LEGALIDADE

Em que sentido podemos considerar que a legalidade extrai sua legitimidade de uma racionalidade que, através do procedimento, introduz a moralidade em seu bojo? Em que sentido o sistema jurídico, por meio da ideia do Estado de Direito, pode suportar as mais diversas exigências para que se chegue a uma integração social? Habermas debruçou-se sobre essas questões em 1986, em duas aulas apresentadas sob o título *Direito e Moral*[99], as *Tanner Lectures*, ministradas na Universidade de Harvard. Elas representam uma primeira tentativa de elaborar satisfatoriamente um conceito de Direito, através do agir comunicativo, que possa enfrentar a exigência moderna de fundamentação e validade do ordenamento jurídico.

---

[99] HABERMAS, Jürgen. "Estudos Preliminares e Complementos: I. Direito e Moral". *Direito e Democracia:* entre facticidade e validade. Tomo II. Rio de Janeiro: Tempo Brasileiro, 1997, pp. 193-247.

Habermas analisa[100] a concepção weberiana segundo a qual o Direito dispõe de uma racionalidade autônoma em relação à Moral. É através da utilização dessa racionalidade que vai ser possível a Weber articular uma concepção de legalidade que se legitima a partir de si mesma. Isso porque, segundo a interpretação dada por Habermas, em sociedades modernas, as ordens estatais depreendem-se da dominação exercida pelo ordenamento jurídico. Um ordenamento jurídico que tem a pretensão de ser racional na medida em que essa racionalidade emana de qualidades formais próprias. Fiel a essa concepção, segundo Habermas, Direito para Weber é toda a emanação que parte do poder legislativo, desde que sejam satisfeitas as condições processuais inerentes ao procedimento legislativo. Desse modo, Weber interpreta o atrelamento do Direito à Moral como uma possibilidade de perda de sua racionalidade e, por conseguinte, como ameaça ao fundamento que legitima[101] a dominação exercida conforme a norma jurídica. Mas, em que sentido o conceito weberiano de racionalidade do Direito nos pode oferecer uma resposta plausível para a relação entre a moralidade e a juridicidade?

2.1.1 A crítica ao conceito weberiano de racionalidade jurídica

Nos processos de juridicização, ocorridos durante a passagem para o Estado Social, houve, não somente, uma aumento considerável do ordenamento jurídico, mas, também, um deslocamento da estrutura e das funções desse ordenamento. Esse processo é fruto das exigências de se vincular as prescrições jurídicas às prescrições morais. Essas exigências, frutos da política de um Estado interventor, proporcionam uma utilização do *medium* jurídico de modo que esse se converta em instrumento de justiça social. Essa aplicação do aparato jurídico por parte do legislador equivale à materialização do Direito formal burguês.[102] A presença de

---

[100] HABERMAS, Jürgen. *Direito e Democracia:* entre facticidade e validade. Tomo II. Rio de Janeiro: Tempo Brasileiro, 1997, p. 193.

[101] HABERMAS, Jürgen. *Direito e Democracia:* entre facticidade e validade. Tomo II. Rio de Janeiro: Tempo Brasileiro, 1997, pp. 193/194.

[102] HABERMAS, Jürgen. *Direito e Democracia:* entre facticidade e validade. Tomo II. Rio de Janeiro: Tempo Brasileiro, 1997, pp. 194/195.

CAPÍTULO II - PRIMEIRO ESBOÇO DE FUNDAMENTAÇÃO DO DIREITO

elementos morais e de uma justiça material no âmbito jurídico acarreta, segundo a interpretação dada por Habermas ao pensamento de Weber, a destruição da racionalidade formal inerente ao Direito. Essa racionalidade formal, por sua vez, seria fruto do trabalho sistemático dos doutrinadores especializados e com formação acadêmica. Esse formalismo dar-se-ia de três[103] modos: em primeiro, através do escalonamento hierárquico das normas jurídicas de modo a estruturar-se pela forma piramidal onde no pico a *norma regia* controla o restante do ordenamento; em segundo, a forma abstrata e geral da lei, que não se remete a contextos especificados nem, tampouco, a sujeitos determinados, confere ao sistema jurídico uma uniformidade em sua estrutura; por último, a exigência de que os atos administrativos e jurisdicionais sejam estritamente legais proporciona um atrelamento desses atos a um processo que se pauta pelo acatamento das prescrições legais, criando uma circularidade que possui um eixo legalóide. A construção do ordenamento jurídico a partir dessa estrutura formal é que possibilita a ideia de plenitude do ordenamento jurídico, bem como a subordinação de todas as esferas da juridicidade a uma Lei fundamental. Esse *corpus* jurídico sustenta a divisão entre Direito público e privado e também a concepção de uma ordem que perpassa todo o sistema jurídico. Com o Estado social e com a consequente juridicização cria-se a necessidade de uma interpretação reconstrutiva do sistema jurídico que se pauta pela busca de princípios. Quebrada a unidade ordenadora do *corpus* jurídico, quebra-se, também, a orientação redundante de uma prescrição que é imediatamente dada na norma. Agora, a orientação por princípios remete à consideração da vontade política do legislador. Na interpretação da lei não é mais suficiente o acesso restrito à literalidade, mas é mister uma interpretação reconstrutiva que aponte qual a política que se quer alcançar com a positivação. É necessário que se determine o espírito da lei, isto é, a finalidade política que pretendera alcançar o legislador, pois elementos que pertenciam à religião, à moral, à ética assumem a forma jurídica.

A introdução de elementos éticos e morais no Direito, ocorrido no Estado social, ocasionou uma fissura nas bases liberais do sistema

---

[103] HABERMAS, Jürgen. *Direito e Democracia:* entre facticidade e validade. Tomo II. Rio de Janeiro: Tempo Brasileiro, 1997, pp. 195/196.

jurídico. Essa materialização do Direito pode ser entendida, no sentido weberiano, como uma perda do sentido racional que o norteia, pois uma vez que se estabelece um nexo entre racionalidade e formalidade, o Direito só pode ser racional na medida em que em seu bojo não se encontram elementos morais. Em síntese, para ser racional o Direito precisa afastar-se de quaisquer proposições ético-morais. Na medida em que se introduz elementos de justiça material no âmbito jurídico temos a perda de sua racionalidade. Como a medida de racionalidade, no sentido weberiano, é determinada no Direito por elementos formais, temos uma racionalidade que é neutra[104] em relação à Moral.

Por que a racionalidade é neutra no sentido moral? A resposta a essa pergunta será elaborada através do apelo ao conceito weberiano de racionalidade. Ora, Weber confere três sentidos ao conceito 'racional'.[105] O primeiro é aquele que se depreende do seguimento de regras para que se tenha sucesso na ação. Para se obter os meios necessários para o domínio da natureza e de outros componentes é preciso que seja utilizada a técnica adequada para a consecução de um fim. Essa racionalidade é um meio para a obtenção de um fim. Assim temos uma racionalidade de controle, uma *racionalidade instrumental*. O segundo é aquele que se guia pela consecução de um fim determinado onde a orientação valorativa guia toda a ação. Os fins da ação são dotados de um conteúdo que guia sua orientação. Nessa medida temos uma *racionalidade de fins*. Em terceiro, é racional a ordenação dos sistemas simbólicos efetuados intelectualmente por especialistas. A apreensão doutrinária dos componentes dos sistemas simbólicos é fruto de uma *racionalidade científico-metódico* que os torna mais complexos.

Assim sendo, as qualidades formais do Direito reúnem os três tipos de racionalidade na medida em que o sistema jurídico é estruturado conforme: 1) a racionalização científica que lhe confere os juristas; ou seja, na medida em que esses especialistas criam uma elaboração conceitual

---

[104] HABERMAS, Jürgen. *Direito e Democracia:* entre facticidade e validade. Tomo II. Rio de Janeiro: Tempo Brasileiro, 1997, p. 197.

[105] HABERMAS, Jürgen. *Direito e Democracia:* entre facticidade e validade. Tomo II. Rio de Janeiro: Tempo Brasileiro, 1997, pp. 197/198.

CAPÍTULO II - PRIMEIRO ESBOÇO DE FUNDAMENTAÇÃO DO DIREITO

que lhes empresta uma sistematicidade; 2) na medida em que o Direito é configurado a partir de normas que garantem a liberdade negativa dos sujeitos de direito, isto é, são elaborados espaços privados para a busca dos interesses individuais protegidos da gerência estatal e da intromissão dos outros sujeitos de direito. Nessa medida, a busca racional dos fins é precedida de aspectos de conteúdo que norteiam a ação; 3) da institucionalização de procedimentos que tornam calculáveis as relações que se desenrolam no interior do sistema. Nessa medida, dado um dos termos da relação tipificados na norma temos, *a fortiori*, a tipificação da conduta jurídica. Portanto, temos que o Direito reúne, através de seu aspecto formal, todas as exigências weberianas para que seja classificado como racional. No entanto, a questão central para Habermas é discutir se essas qualidades formais são suficientes para garantir ao Direito um fundamento razoável.[106] Ou melhor, em que sentido a realização dessas três etapas de racionalização possibilita ao poder estatal manifestar-se legitimamente através da legalidade? O preenchimento dessa instância formal é suficiente para legitimar um poder que se exerce segundo a legalidade? Ou a legitimidade dessa legalidade não derivaria da adoção de preceitos morais introduzidas no Direito por outros meios?

A fim de responder a essas perguntas, Habermas tenta decifrar o sentido desse formalismo. Ora, a exigência conceitual de dar ao Direito uma estrutura de sistematicidade leva a três questões ulteriores. A primeira, é a da segurança jurídica. A segurança jurídica proporciona uma certeza que paira sobre a consciência daqueles que vivem sob a égide do Estado social, na medida em que é possível que se chegue a um prognóstico seguro sobre a possibilidade de intervenção estatal sobre a liberdade, a propriedade etc. Ocorre que a estipulação[107] de uma medida de segurança para a atuação dos sujeitos de direito, que exigem algumas garantias para o desenrolar de suas vidas, já é um valor que no seio da sociedade concorre com outros valores não menos importantes para o seguimento da vida em sociedade. O que está em jogo não é a racionalidade da

---

[106] HABERMAS, Jürgen. *Direito e Democracia:* entre facticidade e validade. Tomo II. Rio de Janeiro: Tempo Brasileiro, 1997, p. 198.

[107] HABERMAS, Jürgen. *Direito e Democracia:* entre facticidade e validade. Tomo II. Rio de Janeiro: Tempo Brasileiro, 1997, p. 199.

norma jurídica, uma racionalidade neutra em relação à Moral, mas a questão é saber quais são os elementos que preponderam quando da escolha. No momento em que há um choque sobre que medidas devem ser tomadas quando se tem preceitos valorativos concorrentes é uma questão que se define através do apelo a preceitos morais. Como os interesses se chocam, só através de uma universalização sob a perspectiva moral é que se pode decidir qual deverá ser acatado. Em resumo, no choque de valores o critério que fundamenta a decisão, para não ser arbitrário, é um critério moral.

Quanto ao caráter de generalidade e abstração da lei, temos que se procura fugir ao voluntarismo quando não se tipificam as questões pontuais dos possíveis atingidos. Ou seja, procura-se dar uma forma geral e abstrata à lei para que ela não se refira diretamente a nenhum caso concreto. Com isso a igualdade perante a lei assume uma característica aritmética. Por ser geral e abstrata, a lei pode pautar-se segundo o princípio que estipula que, em igualdades de condições, todos devem ser tratados igualmente e, em diferença de condições, devem ser tratados diferentemente. Isso não significa a institucionalização de privilégios (leis privadas), mas se procura tão-somente garantir uma igualdade perante a lei, contra uma desigualdade factual. Nesse sentido só temos a possibilidade de auferir a legitimidade de tal preceito através de um apelo à moralidade. Em síntese, a racionalidade desse critério formal obtém legitimidade a partir de princípios que possuem um conteúdo moral.

Quanto ao trabalho de sistematização doutrinária dos juristas que confere ao Direito uma ideia de ordenação, também esse não é capaz, por si só, de legitimar os preceitos legais. Com esse trabalho de sistematização expõem-se, no Direito, uma exigência de fundamentação pós-metafísica que aparta o Direito moderno de suas bases consuetudinárias. Com a positivação do Direito, temos sempre a possibilidade de modificação de suas normas, introduzida como uma ideia reguladora que age à procura de legitimação. Como não são mais suficientes as bases tradicionais do Direito, introduz-se, em seu bojo, a modificabilidade de suas normas com o intuito de alterar as que caíram em descrédito, isto é, as que perderam a validade. É nesse sentido que a revogação ou alteração de uma norma funciona como um princípio regulador, na

CAPÍTULO II - PRIMEIRO ESBOÇO DE FUNDAMENTAÇÃO DO DIREITO

medida em que a introdução desse princípio aponta para uma legitimidade que se funda em princípios morais. Portanto, com a possibilidade presente nos sistemas jurídicos, de ser revogado, no todo ou em parte, surge uma exigência pós-metafísica de fundamentação que problematiza os próprios princípios desse sistema, uma vez que há a possibilidade de esses próprios princípios colidirem entre si, remetendo para um exame discursivo deles próprios. Assim, surge, no centro de uma racionalidade científica, um preceito normativo que é introduzido pela exigência de fundamentação que se aproxima de uma racionalidade prática no sentido de Kant. No entanto, através do resgate discursivo dessa pretensão normativa, ambas as esferas, a prática e a científica, são perpassadas pela moralidade.[108]

Nessa perspectiva, a ideia de racionalidade que perpassa o formalismo jurídico de Max Weber só tem sentido quando perpassado por uma racionalidade em um sentido prático-moral. Ou seja, só são legítimas as normas legais que obrigam, na perspectiva moral, todos os membros de uma comunidade jurídica. Essa legitimidade obriga porque pertence a uma validade deontológica que não varia com o conteúdo das normas. Segundo Habermas, Weber recusa esse núcleo prático-moral, essa instância deontológica do Direito, porque entendia a moralidade como uma orientação de valor de cunho subjetivo.[109] Esses valores, por sua vez, possuíam um caráter de irracionalidade dada a sua feição privada, isto é, sua orientação de conteúdo era inconciliável com o caráter formal do Direito. Isso porque não distinguia entre valores factualmente variáveis e um valor em sentido prático que aponta para uma base normativa que não depende da factualidade. Em síntese, não reconhecendo uma base normativa que obriga em termos deontológicos não será possível, a Weber, superar a factualidade de conteúdos empíricos que apontam sempre para uma dada circunstância. Assim sendo, com a recusa da moralidade dá-se a recusa de uma esfera de normatividade deontológica que obtém validade sem resumir-se ao factual.

---

[108] HABERMAS, Jürgen. *Direito e Democracia:* entre facticidade e validade. Tomo II. Rio de Janeiro: Tempo Brasileiro, 1997, p. 200.

[109] HABERMAS, Jürgen. *Direito e Democracia:* entre facticidade e validade. Tomo II. Rio de Janeiro: Tempo Brasileiro, 1997, p. 201.

Como Weber rejeita a relação do Direito com a Moral, é perfeitamente aceitável que ele rejeite também uma concepção jusnaturalista, ou seja, que rejeite as teorias do Direito Natural de Hobbes até Kant. Isso porque, para Habermas[110], Weber interpreta a 'razão' e a 'natureza' como uma medida material para aquilo que é legítimo. Habermas não desconhece que as teorias do Direito Natural apoiam-se em esferas metafísicas. Ele quer salvar uma outra contribuição que julga muito importante. Trata-se do cumprimento da exigência de uma fundamentação procedimental do Direito. É com a formulação de um contrato social que regula a vida de parceiros do direito, livres e iguais, que se pode justificar a força que legitima um acordo. Nesse sentido, com o contrato, temos a possibilidade de obter as condições procedimentais para a racionalidade da vontade. No entanto, segundo Habermas, Weber confunde os aspectos estruturais com os aspectos de conteúdo. Confunde as qualidades formais de procedimento, que possibilita uma fundamentação pós-metafísica, com as orientações de conteúdo, isto é, com as orientações valorativas materiais. Com isso Weber não entendeu

> que o modelo do contrato social, do mesmo modo que o imperativo categórico, pode ser entendido como proposta para um processo, cuja racionalidade garante a correção de qualquer tipo de decisão tomada conforme um procedimento.[111]

Disso resulta que, na opinião de Habermas, o apelo weberiano às instâncias 'formal' e 'material' não é suficiente para estabelecer com clareza a relação entre Direito e Moral. A pergunta pela legitimidade da ordem legal não obtém uma resposta adequada quando se apela para uma racionalidade jurídica autônoma, isenta de moral. Isso porque a validade, a legitimidade de um ordenamento jurídico se estabelece a partir de uma relação interna entre Direito e Moral. As qualidades morais inseridas no Direito pela necessidade pós-metafísica de fundamentação

---

[110] HABERMAS, Jürgen. *Direito e Democracia:* entre facticidade e validade. Tomo II. Rio de Janeiro: Tempo Brasileiro, 1997, p. 201.

[111] HABERMAS, Jürgen. *Direito e Democracia:* entre facticidade e validade. Tomo II. Rio de Janeiro: Tempo Brasileiro, 1997, pp. 201/202.

CAPÍTULO II - PRIMEIRO ESBOÇO DE FUNDAMENTAÇÃO DO DIREITO

significa que, agora, a pergunta pela validade aponta para a necessidade de se oferecer argumentos dotados de conteúdos morais.[112] A questão weberiana acerca da racionalidade jurídica assume, para Habermas, uma importância fundamental, mesmo que se tenha demonstrado que o Direito não se resume às questões de sua materialidade ou formalidade. Ao contrário, quer dizer que a pergunta pela racionalidade do sistema jurídico incorpora uma nova dimensão. Incorpora a dimensão de uma racionalidade procedimental prático-moral. Ou seja, a racionalidade jurídica se dá através de um procedimento aberto à moralidade que se põe enquanto esfera deontológica.

É central para os modernos sistemas jurídicos a compreensão do que vem a ser os *processos institucionalizados juridicamente*, uma vez que

> sistemas de direito modernos contêm não apenas normas diretas de comportamento e de castigo, mas também normas secundárias de organização e de autorização que servem para institucionalizar processos da legislação, da jurisdição e da administração. Deste modo, a própria produção de normas é submetida a normas. Um modo de operar determinado procedimentalmente, porém indeterminado do ponto de vista do conteúdo, torna possível o surgimento pontual de decisões jurídicas obrigatórias.[113]

Com os processos institucionalizados juridicamente, temos uma procedimento que opera com uma dupla limitação, a saber: ele tem que obedecer externamente a uma resolução que determina sua forma e, ao mesmo tempo, produzir-se sob os auspícios do melhor argumento. Dito de outra maneira: o processo jurídico é marcado por regras formais que determinam sua trajetória de modo que dada uma circunstância desenrola-se naturalmente outra e, assim, sucessivamente. É esse enquadramento externo que lhe dá um contorno definido, mas, por sua

---

[112] HABERMAS, Jürgen. *Direito e Democracia:* entre facticidade e validade. Tomo II. Rio de Janeiro: Tempo Brasileiro, 1997, p. 202.

[113] HABERMAS, Jürgen. *Direito e Democracia:* entre facticidade e validade. Tomo II. Rio de Janeiro: Tempo Brasileiro, 1997, pp. 202/203.

vez, o processo jurídico abre-se para uma perspectiva interna na medida em que se estabelecem decisões racionais que se firmam a partir do melhor argumento. Essa dupla contingência, que marca os processos institucionalizados juridicamente, faz com que, ao mesmo tempo, ele obedeça a uma produção científica bem ordenada e, também, possibilite a abertura para discursos morais. Temos que a técnica jurídica afasta a arbitrariedade das decisões no âmbito do Direito, uma vez que a sistemática do ordenamento jurídico possibilita um desenrolar plenamente calculável e, por sua vez, uma base deontológica que permite a introdução de normas morais em seu bojo.[114] As normas jurídicas, além de estipular condutas juridicamente aceitas ou reprováveis, articulam um nexo interno que fornecem as diretrizes para as atitudes do Estado. Portanto, essas normas reúnem em si diretrizes de comportamento tanto para os sujeitos de Direito Privado quanto para os sujeitos de Direito Público.

Por conseguinte, o Direito não é um sistema fechado em si mesmo. O sistema jurídico, com a abertura inevitável para os discursos morais, incorporou também um escalonamento entre regras e princípios. Portanto, esses princípios do Direito moderno advêm, em sua grande parte, de princípios morais que, ao longo dos tempos, foram sendo positivados. Então, esses princípios possuem uma dupla estrutura, ou melhor dizendo, ao mesmo tempo em que são morais foram incorporados ao sistema jurídico por meio da positivação. E, no entender de Habermas, essa abertura à Moral, por parte do Direito, significa que isso está incorporado na própria racionalidade procedimental, isto é, a racionalidade efetivada através de um processo guarda em si ambos os momentos. Em suas palavras:

> Por conseguinte, se as qualidades formais do direito são encontráveis na dimensão dos processos institucionalizados juridicamente, e se esses processos regulam discursos jurídicos que, por seu turno, são permeáveis a argumentações morais, então pode-se adotar a seguinte hipótese: a legitimidade pode ser obtida através

---

[114] HABERMAS, Jürgen. *Direito e Democracia:* entre facticidade e validade. Tomo II. Rio de Janeiro: Tempo Brasileiro, 1997, p. 203.

CAPÍTULO II - PRIMEIRO ESBOÇO DE FUNDAMENTAÇÃO DO DIREITO

da legalidade, na medida em que os processos para a produção de normas jurídicas são racionais no sentido de uma razão prático-moral procedimental. A legitimidade da legalidade resulta do entrelaçamento entre processos jurídicos e uma argumentação moral que obedece à sua própria racionalidade procedimental.[115]

Assim, só tem sentido falar em legitimidade da legalidade na medida em que a juridicidade abre-se e incorpora a dimensão da moralidade, estabelecendo assim uma relação com o Direito que, ao mesmo tempo, é interna e normativa. Em síntese, só é legítima a legalidade circunscrita em uma racionalidade onde seu procedimento se situa entre processos jurídicos e argumentos morais.

Embora no século XIX a vinculação do modelo liberal ao sistema jurídico e a alusão automática do conceito de justiça ao Direito sofram um questionamento por parte da História do Direito, Habermas, a partir da análise de quatro tendências[116], tem como extremamente atual o diagnóstico weberiano que aponta para a perda do formalismo no âmbito jurídico.

Essas tendências representam uma certa modificabilidade na compreensão, por parte dos juristas, do que vem a ser o papel que cabe ao Direito nas sociedades modernas. A primeira é um certa reflexividade que passa a acompanhar o Direito. Essa reflexividade compreende uma certa delegação para a arbitragem no sentido de que os próprios envolvidos possam chegar a um acordo sobre as questões que são o objeto da querela. Habermas fala de uma "introdução de processos quase-políticos da formação de vontade e do compromisso".[117] A delegação para a arbitragem representa a assunção de uma prática que delega aos sujeitos de direito a perspectiva de entenderem-se sobre algo em disputa

---

[115] HABERMAS, Jürgen. *Direito e Democracia:* entre facticidade e validade. Tomo II. Rio de Janeiro: Tempo Brasileiro, 1997, p. 203.

[116] HABERMAS, Jürgen. *Direito e Democracia:* entre facticidade e validade. Tomo II. Rio de Janeiro: Tempo Brasileiro, 1997, pp. 204/205.

[117] HABERMAS, Jürgen. *Direito e Democracia:* entre facticidade e validade. Tomo II. Rio de Janeiro: Tempo Brasileiro, 1997, p. 204.

no seio de uma determinada comunidade jurídica. Há, com isso, uma modificação no alcance pretendido pelo legislador. Ele não quer mais que a norma atinja de imediato objetivos concretos. O alcance das diretrizes, contidas em lei, perde sua rigidez para assumir uma perspectiva de orientação. Assim, as normas devem articular um procedimento que deixa ao encargo dos sujeitos a resolução de seus problemas. Se, por um lado, temos uma maior autonomia dos sujeitos de direito que têm a possibilidade de resolver seus litígios, no entanto, a essa autonomia dos cidadãos deu-se um desenvolvimento corporativista dessa ideia de reflexibilidade.

Um outro fenômeno depreende-se das lacunas oriundas do ordenamento jurídico. Lacunas essas que devem ser preenchidas, em muitos casos, pela ação do juiz. No entanto, em muitos setores, o Direito perde seu caráter de obrigatoriedade. Isso decorre da tendência observada de se buscar uma desestatização da conduta jurídica, isto é, o Direito passa a pautar-se por uma solução negociada, entre as partes, na base da busca de um consenso. Com isso, o Direito abandona a figura da coerção passando a estar à margem da solução dos conflitos. Essa marginalidade do Direito quer significar que, como há lacunas no ordenamento, existe um estímulo, por parte do legislador, para que haja uma composição entre os sujeitos de direito no sentido de se buscar uma solução, não estatal, para as querelas.

Outra tendência é aquela decorrente da abertura do Direito à influência de imperativos funcionais.[118] Isso quer dizer que o legislador usa o Direito para a consecução de seus fins políticos. À reboque desses imperativos funcionais, a ação dos sujeitos de direito acopla-se à deliberação estatal, de modo que ações realizadas inconscientemente passam a realizar-se a partir de um telos descrito de modo estatal. Assim, há um certo direcionamento das ações que pertencem à esfera das convicções por parte de uma normatização legal que age segundo preceitos burocráticos e econômicos. Os imperativos funcionais assumem, por intermédio da norma legal, a direção das ações dos sujeitos de direito.

---

[118] HABERMAS, Jürgen. *Direito e Democracia:* entre facticidade e validade. Tomo II. Rio de Janeiro: Tempo Brasileiro, 1997, p. 205.

CAPÍTULO II - PRIMEIRO ESBOÇO DE FUNDAMENTAÇÃO DO DIREITO

A outra tendência se dá pela constante oposição da moralidade à positividade do Direito, o que aponta para o problema da legitimidade da legalidade. Essa oposição é fruto do constante choque entre duas tendências. Por um lado, temos o uso do ordenamento jurídico para satisfazer exigências pontuais de cada programa de governo. As orientações que direcionam a normatividade do Direito mudam conforme a orientação ideológica de cada governante. Em resposta a isso, temos um movimento que aponta para a obediência tão-somente de um Direito que tenha fundamentos morais. Assim, temos, ao lado de uma orientação rotativa dos preceitos jurídicos, uma outra que prega uma certa normatização desses preceitos através do apelo à Moral. Essas tendências apontam para o problema de como se dá a legitimidade da legalidade, ou seja, apontam para a questão da racionalidade do Direito.

2.1.2 A racionalidade de processos institucionalizados por meio do Direito

O poder exercido conforme o Direito Positivo deve sua legitimidade, em última instância, ao conteúdo moral das qualidades formais do Direito. Isso porque[119] essa legitimidade decorre da institucionalização de processos que contêm um conteúdo moral implícito, que possibilita o resgate discursivo de suas pretensões de validade.

Habermas parte da suposição de que não basta à legitimidade assentar-se tão-somente na política legislativa ou ainda na jurisdição. É preciso que se recorra a um Direito que não se restrinja à administração ou à aplicação literal da norma. É mister que se recorra a um Direito regulador. Essa questão aponta para o problema de se buscar a base racional do ordenamento jurídico. Mas como identificar a base racional dos processos jurídicos? Através da análise da ideia de imparcialidade, ou melhor, como a imparcialidade fornece elementos que propiciam uma relação entre o Direito vigente, a jurisdição e a legislação? Segundo

---

[119] HABERMAS, Jürgen. *Direito e Democracia:* entre facticidade e validade. Tomo II. Rio de Janeiro: Tempo Brasileiro, 1997, p. 214.

LUIZ MOREIRA

Habermas, essa ideia de imparcialidade forma o núcleo da razão prática. Entrementes, é através do recurso a teorias da moral e da justiça que a ideia de imparcialidade assume a forma de um processo que permite averiguar se essas questões são morais. Com isso, ele assume o projeto de uma teoria procedimental da justiça para explicar como se dá a formação dessa vontade imparcial.[120]

Ora, Habermas propõe que a própria argumentação moral seja o modelo processual para a averiguação da formação da vontade[121] que se dá através do exame das pretensões de validade hipotéticas, uma vez que quem se envolve numa prática de argumentação tem que pressupor que todos os possíveis afetados poderiam participar na busca cooperativa da verdade isenta de coerção. Na busca dessas pretensões de validade a única coerção admitida é a do melhor argumento, que teria uma pretensão normativa. A proposta habermasiana consiste em uma relação de complementaridade entre a Moral e o Direito, de modo a instaurarem-se enquanto um procedimento. Ou seja, a proposta de uma teoria procedimental do Direito fundamenta-se em princípios morais. A legalidade só é legítima na medida em que os discursos jurídicos forem permeados por discursos morais.

Embora reconheça as diferenças que existem entre a Moral e o Direito, o projeto habermasiano quer explicitar a relação de complementaridade a partir do nexo existente entre ambos os procedimentos, firmada pela mesma pergunta: a pergunta pela validade dos resultados obtidos mediante o processo.[122] Isso se depreende porque, nos processos

---

[120] HABERMAS, Jürgen. *Direito e Democracia:* entre facticidade e validade. Tomo II. Rio de Janeiro: Tempo Brasileiro, 1997, pp. 214/215.

[121] Habermas ainda permanece ligado a Karl-Otto Apel no momento de formular uma proposta moralizante como fundamento para o Direito. Essa co-autoria de uma teoria procedimental da justiça como fundamento para o Direito será abandonado por Habermas. Cf.: HABERMAS, Jürgen. *Direito e Democracia:* entre facticidade e validade. Tomo I. Rio de Janeiro: Tempo Brasileiro, 1997, p. 10: "atualmente eu não determino mais a relação complementar entre moral e direito seguindo a linha traçada nas Tanner Lectures". Ainda na mesma página, nota 10: "No meu entender, o acesso escolhido por K. O. Apel é por demais normativista".

[122] HABERMAS, Jürgen. *Direito e Democracia:* entre facticidade e validade. Tomo II. Rio de Janeiro: Tempo Brasileiro, 1997, p. 216.

CAPÍTULO II - PRIMEIRO ESBOÇO DE FUNDAMENTAÇÃO DO DIREITO

jurídicos, temos uma realização completa das exigências racionais do procedimento, enquanto que, na Moral, essa realização seria incompleta. Entrementes, a racionalidade procedimental, própria ao Direito, é passível de ser examinada conforme critérios objetivos, uma vez que, na perspectiva de um não participante da comunidade jurídica, é possível auferir se as decisões tomadas estão conforme o processo ou não. Se obedeceram ou não às regras estabelecidas. No caso da Moral, a racionalidade procedimental é incompleta, pois só na perspectiva de um participante pode-se auferir sua moralidade, uma vez que não existem critérios objetivos para tal julgamento. Sob o ponto de vista de uma racionalidade procedimental, poder-se-ia dizer que o Direito e a Moral distinguem-se. Entretanto, em ambos os processos se dá a pergunta pela validade, uma vez que as idealizações, contidas em tais processos, apontam para os pressupostos comunicativos da prática argumentativa. Esses pressupostos comunicativos, como idealizações inelimináveis, funcionam como uma instância normativa que coage no sentido de uma transcendentalidade fraca.

Por não conseguir ajustar-se a uma racionalidade procedimental é que, em sociedades modernas, as matérias passíveis de julgamento objetivo dar-se-ão pelo Direito e não pela Moral. Habermas entende que, sob o ponto de vista funcional, a Moral sofre de duas fraquezas. A primeira seria uma fraqueza cognitiva. Nos processos morais, a possibilidade de se saber se tal norma obteria o consentimento dos possíveis envolvidos não garante a adesão necessária, pois nesse procedimento não se garante "a infalibilidade, nem a univocidade e, menos ainda, o surgimento do resultado no prazo devido".[123] Em sociedades complexas, as relações sociais se dão sob a égide de um tal pluralismo, já que a aplicação de processos falibilistas, como os decorrentes dos discursos morais, implicaria em uma incerteza estrutural. A outra fraqueza seria uma fraqueza motivacional. A moralidade não seria capaz de acoplar ao seu redor, sozinha, uma motivação para o agir, pois delas não se depreendem uma obrigatoriedade geral. Ora, com a evolução da moral para uma

---

[123] HABERMAS, Jürgen. *Direito e Democracia:* entre facticidade e validade. Tomo II. Rio de Janeiro: Tempo Brasileiro, 1997, p. 216.

perspectiva pós-tradicional as certezas imediatamente dadas, oriundas de fontes não problematizáveis, perderam a eficácia e, embora sempre nos situemos em horizontes de sentido comuns, perderam-se também as bases comuns que permitiam às ações se acoplarem mutuamente, ou seja, perderam uma certa eficácia em um sentido prático, em um sentido normativo. Em sua concepção:

> Toda a moral pós-tradicional exige um distanciamento, ou seja, ela se afasta das evidências contidas em formas de vida praticadas de modo não-problemático. E nem sempre as ideias morais desacopladas da eticidade concreta do dia a dia trazem consigo a força motivadora que permite aos juízos tornarem-se eficazes do ponto de vista prático. Quanto mais a moral se interioriza e se torna autônoma, tanto mais ela se retrai para domínios privados.[124]

Esse, precisamente, é o quadro que exige do Direito a absorção das inseguranças proporcionadas eventualmente pelo procedimento falibilista oriunda dos processos morais. Unindo-se à proposta de Karl-Otto Apel, Habermas credita à moralidade uma certa imputabilidade, mas tão-somente na medida em que os que agem a entendam como uma ação universalizável, isto é, na medida em que se pode esperar a adesão dos possíveis participantes da comunidade de comunicação. Daí ser imperioso que as normas morais convertam sua obrigatoriedade em obrigatoriedade jurídica. Assim, o Direito, na modernidade, assume a perspectiva de suprir as carências, no plano exterior, de uma moralidade pós-tradicional.

Por sua vez, no momento em que as normas jurídicas se unem, como mecanismo de regulação estatal, adquirem força vinculante. Essa força vinculante advém do monopólio do uso da força depositado nas mãos do Estado que, através da sanção, imigra para o Direito. Assim, o Direito moderno proporciona um alívio para os sujeitos de direito, uma vez que, como um *Atlas*, carrega às costas a solução dos conflitos embutidos na ação.[125]

---

[124] HABERMAS, Jürgen. *Direito e Democracia:* entre facticidade e validade. Tomo II. Rio de Janeiro: Tempo Brasileiro, 1997, p. 217.

[125] HABERMAS, Jürgen. *Direito e Democracia:* entre facticidade e validade. Tomo II. Rio de Janeiro: Tempo Brasileiro, 1997, pp. 217/218.

CAPÍTULO II - PRIMEIRO ESBOÇO DE FUNDAMENTAÇÃO DO DIREITO

Com a perspectiva de alteração de um preceito jurídico, o que se faz pela atividade legislativa, o Direito abre-se para a atividade política. Nesse sentido é que o Direito, para Habermas, assume, diferentemente da Moral, uma dimensão instrumental. Enquanto a Moral é fim em si mesma, o Direito pode servir como instrumento a partir do momento em que serve para efetivar decisões políticas.

Mais do que uma relação de complementaridade, interessa, para Habermas, a pesquisa pelo entrelaçamento realizado entre a Moral e o Direito. Nesse sentido, a Moral não é entendida mais como um conteúdo metafísico, ela, ao invés, imigra para o Direito Positivo, sem, no entanto, perder sua identidade. Como não possui um conteúdo metafísico, a Moral se constitui enquanto um procedimento que permite a busca da fundamentação das normas, segundo conteúdos normativamente fracos. Esse entrelaçamento entre os procedimentos jurídico e moral permite um controle mútuo entre ambos, de sorte que:

> Nos discursos jurídicos, o tratamento argumentativo de questões práticas e morais é domesticado, de certa forma, pelo caminho da institucionalização do direito, ou seja, a argumentação moral é limitada: a) metodicamente através da ligação com o direito vigente; b) objetivamente, em relação a temas e encargos de prova; c) socialmente, em relação aos pressupostos de participação, imunidades e distribuição de papéis; d) temporalmente, em relação aos prazos de decisão. De outro lado, porém, a argumentação moral também é institucionalizada como um processo aberto que segue a sua própria lógica, controlando sua própria racionalidade.[126]

Portanto, a moralidade se estabelece, no Direito Positivo, através de um procedimento. Então a pergunta: como é possível o surgimento da legitimidade a partir da legalidade? depreende-se da circunstância de que a legalidade é oriunda de um processo de legislação que, em princípio, é democrático. Nesse sentido, o procedimento parlamentar assume

---

[126] HABERMAS, Jürgen. *Direito e Democracia:* entre facticidade e validade. Tomo II. Rio de Janeiro: Tempo Brasileiro, 1997, pp. 218/219.

a perspectiva de uma racionalidade prático-moral.[127] Ora, essa normatividade decorre da circunstância de que são levadas em consideração, para a elaboração da vontade do legislador, todas as possíveis manifestações da vontade soberana do povo, de modo a não se excluir nenhuma, e essa vontade legislativa depende da formação discursiva da vontade na esfera pública e política.[128] Assim, a legitimidade do ordenamento jurídico depreende-se de sua abertura para a busca racional das condições de validade que se institucionalizam através de um procedimento que incorpora, em suas entranhas, a dimensão moral.

2.2. O SISTEMA JURÍDICO NO ESTADO DE DIREITO

Com o problema de se saber se o ordenamento jurídico é legítimo tão-somente porque foi positivado, Habermas nos colocou frente a três questões: a primeira, era em que medida poder-se-ia dizer que a norma legal seria racional obedecendo aos critérios de racionalidade do formalismo jurídico, constatando que a racionalidade de um formalismo jurídico, neutro sob a perspectiva moral, aponta para uma racionalidade no sentido prático-moral; em segundo, analisamos como a introdução, no sistema jurídico, de perspectivas moralizantes sinalizam para a relação de complementaridade entre o Direito Positivo e uma justiça procedimental; por último, demonstramos como a racionalidade jurídica incorpora a dimensão de uma racionalidade procedimental resultante da fusão de processos jurídicos e argumentações morais. De posse dessas perspectivas surge a seguinte questão: o sistema jurídico[129] é capaz de suportar as exigências normativas e funcionais de uma sociedade complexa? Ora, essa questão pretende respondê-la levando em conta a dimensão de racionalidade do Direito. Como vimos, a racionalidade do Direito adota uma estrutura procedimental após entrelaçar-se com

---

[127] HABERMAS, Jürgen. *Direito e Democracia:* entre facticidade e validade. Tomo II. Rio de Janeiro: Tempo Brasileiro, 1997, pp. 219/220.

[128] HABERMAS, Jürgen. *Direito e Democracia:* entre facticidade e validade. Tomo II. Rio de Janeiro: Tempo Brasileiro, 1997, p. 220.

[129] HABERMAS, Jürgen. *Direito e Democracia:* entre facticidade e validade. Tomo II. Rio de Janeiro: Tempo Brasileiro, 1997, p. 221.

CAPÍTULO II - PRIMEIRO ESBOÇO DE FUNDAMENTAÇÃO DO DIREITO

processos jurídicos e morais. Com isso, a moralidade jurídica não pode ser vista como um assunto restrito ao direito compreendido de modo formal, mas por associar-se à política e à moral sua racionalidade é muito mais complexa.

2.2.1 A racionalidade do Direito ou da relação interna entre Direito, Moral e Política

Para a História do Direito há uma invariante que permite identificar a estrutura jurídica até a Idade Média. A invariante é justamente a ramificação do Direito em sagrado e profano.[130] Esse Direito sagrado, ou Direito Natural, não estaria à disposição do soberano. Ao invés, funcionaria como uma moldura, cabendo ao Direito, proveniente do soberano, enquadrar-se sob seus moldes. Com isso, a validade de um ordenamento jurídico seria obtida a partir da conformidade desse aos princípios invariáveis do Direito Natural. Com essa dupla estrutura, como uma esfera dentro da outra, teríamos que a esfera disponível ao soberano político seria a que está à disposição do poder, portanto, instrumental, e uma outra não instrumental, que por ser uma esfera normativa em um sentido sacro, seria, por isso mesmo, indisponível. Entre um Direito que é instrumento do poder político e um Direito que é indisponível, porque fonte da legitimidade temporal, há, segundo Habermas, uma tensão intransponível.[131]

Nas sociedades modernas, essa tensão não é mais capaz de oferecer uma interpretação satisfatória para a comunidade jurídica dos envolvidos. Com a secularização do mundo da vida, a instância legitimadora que outrora fora indisponível, porque se constituía enquanto normativa, caiu em descrédito. Com isso, se por um lado temos que o poder político se emancipa desse quadro normativo passando a ser tão-somente secular, por outro, por não ter essa esfera legitimadora, temos um Direito

---

[130] HABERMAS, Jürgen. *Direito e Democracia:* entre facticidade e validade. Tomo II. Rio de Janeiro: Tempo Brasileiro, 1997, pp. 230/231.

[131] HABERMAS, Jürgen. *Direito e Democracia:* entre facticidade e validade. Tomo II. Rio de Janeiro: Tempo Brasileiro, 1997, p. 232.

instrumentalizado que passa a se reduzir ao poder factual. Por conseguinte, temos a seguinte situação: o Direito "deve emanar da vontade soberana de um legislador político".[132] Segue-se a essa questão a pergunta se o Direito moderno ainda conserva, embora se tenha desligado da estrutura metafísica de legitimação e com a constante possibilidade de revisão de seus preceitos, uma estrutura obrigatória que consiga acoplar diferentes perspectivas. Em síntese: o Direito moderno consegue carregar o fardo da integração social? No fundo, essas questões apontam para o modo como se dá a união entre Direito, Política e Moral, pois:

> Conforme nos ensina a antropologia, o direito precede o surgimento do poder político, organizado no Estado, ao passo que o direito sancionado pelo Estado e o poder do Estado organizado juridicamente surgem simultaneamente na forma de poder político. Parece que o desenvolvimento arcaico do direito tornou possível o surgimento de um poder político soberano, no qual o poder do Estado e o direito do Estado se constituem reciprocamente. (...) Esse momento de indisponibilidade, que no direito moderno forma um contrapeso evidente à instrumentalização política do *medium* direito, resulta do entrelaçamento entre política, direito e moral.[133]

É com a introdução de um novo conceito que nos será permitido observar uma guinada sobre a estrutura jurídica tradicional. Essa reviravolta no modo de compreender as relações jurídicas será realizada pelo conceito de norma jurídica.[134] Com as normas jurídicas, passamos a ter um caráter obrigatório objetivamente válido para todos. Com elas, o Direito liberta-se das amarras tradicionais e passará a ser regulado segundo o monopólio do poder cristalizado pela possibilidade de sanção

---

[132] HABERMAS, Jürgen. *Direito e Democracia:* entre facticidade e validade. Tomo II. Rio de Janeiro: Tempo Brasileiro, 1997, p. 232.

[133] HABERMAS, Jürgen. *Direito e Democracia:* entre facticidade e validade. Tomo II. Rio de Janeiro: Tempo Brasileiro, 1997, pp. 233/234.

[134] HABERMAS, Jürgen. *Direito e Democracia:* entre facticidade e validade. Tomo II. Rio de Janeiro: Tempo Brasileiro, 1997, p. 235.

CAPÍTULO II - PRIMEIRO ESBOÇO DE FUNDAMENTAÇÃO DO DIREITO

que a norma conteria em seu bojo. Com a exigência de normatividade, introduz-se, no seio do Direito, um caráter de impessoalidade e obrigatoriedade decorrentes de sua objetividade. Por seu turno, a objetividade, decorrente da positivação da norma jurídica, cria, em torno de si, um núcleo a partir do qual é possível o apelo para a consciência moral dos membros da comunidade jurídica. Assim, temos a um só tempo, no seio do Direito, tanto a objetividade quanto a moralidade introduzidas com a positividade realizada pelas normas jurídicas.

Partindo da hipótese de que tanto o Direito quanto a moral originar-se-iam antes da formação de uma estrutura estatal, Habermas formula uma hipótese que pretende acompanhar a passagem de uma estrutura jurídica arcaica e tradicional até o limiar do surgimento, em um nível já convencional, da juridicidade, onde a norma jurídica[135] representaria essa mudança de atitude. Temos a figura de um cacique[136] que, apoiado na autoridade das normas jurídicas, passa a dirimir os conflitos. Entretanto, sua autoridade, firmada a partir da norma, não se confundiria com a autoridade estatal firmada com o monopólio da sanção. O importante é frisar que há uma mudança de perspectiva acarretada com a passagem de um Direito meramente factual para um Direito que alcançou uma medida objetiva para sua emanação. Nosso autor nos apresenta três sequências para explicitar tal acontecimento: em primeiro, a figura daquele que vela o Direito participaria, também, de sua aura, ou seja, não há uma distinção nítida entre a pessoa do guardião e a figura do Direito; em segundo, como o Direito reuniria, em si mesmo, traços de uma emanação legítima de poder consubstanciado pela autoridade normativa do jurídico, aquele a quem cabe velar-lhe, cabe também um poder de mando, normativamente válido; em terceiro, nesse caso, as normas jurídicas passariam a ser emanações de um governante legítimo, isto é, as normas jurídicas declinariam da tradicional

---

[135] Sobre o significado para o Direito do conceito norma jurídica: Cf.: VASCONCELOS, Arnaldo. *Teoria Geral do Direito:* Teoria da Norma Jurídica. 3ª ed. v. 1. São Paulo: Malheiros, 1993.

[136] HABERMAS, Jürgen. *Direito e Democracia:* entre facticidade e validade. Tomo II. Rio de Janeiro: Tempo Brasileiro, 1997, pp. 235/236.

vinculação a um poder factualmente estabelecido para associar-se a uma emanação legítima de uma autoridade que se expressaria a partir de uma norma que se legitima no momento em que reúne em si traços de uma moralidade reconhecida por todos. Nesse sentido, ele é de opinião de que se introduz, no Direito moderno, com a norma jurídica, os momentos de indisponibilidade e de instrumentalidade pois, com esse recurso, a autoridade detém o poder de mando, mas também a autorização, o reconhecimento para expressar esse mando segundo uma marca objetiva. Essa pretensa autoridade só se realiza na medida em que se expressa de conformidade com uma emanação autorizada pelos membros de uma comunidade que se submetem apenas às regulações contidas em lei. Por isso:

> Somente as cosmovisões que se tornam mais complexas permitem a formação de uma consciência moral de nível convencional; somente a consciência apoiada em normas moralmente obrigatórias e enraizadas em tradições é capaz de modificar a jurisdição e de transformar um poder fático em normativo; somente a posse de um poder legítimo permite impor politicamente normas de direito; somente o direito coercitivo pode ser utilizado para a organização do Estado.[137]

Como a expressão da vontade legítima do soberano realiza-se mediante a utilização de normas jurídicas moralmente obrigatórias, põe-se em ação uma espiral que implica em uma simultaneidade entre o jurídico, o político e o moral.[138] No entanto, sob essa espiral estão preservadas a identidade de cada esfera. Portanto, como o Direito detém um momento de indisponibilidade, ele não pode resumir-se à Política. Como o Direito compreende também um momento de instrumentalidade, o poder político usa como *medium* o jurídico tão-somente para expressar-se, não se restringindo a ele. E o Direito, para poder reclamar obrigatoriedade, tem que apelar para uma instância normativa.

---

[137] HABERMAS, Jürgen. *Direito e Democracia:* entre facticidade e validade. Tomo II. Rio de Janeiro: Tempo Brasileiro, 1997, p. 236.

[138] HABERMAS, Jürgen. *Direito e Democracia:* entre facticidade e validade. Tomo II. Rio de Janeiro: Tempo Brasileiro, 1997, p. 237.

CAPÍTULO II - PRIMEIRO ESBOÇO DE FUNDAMENTAÇÃO DO DIREITO

Ora, em sociedades complexas, há um vazio de substancialidade ética no sentido de uma normatividade que nos ofereça um modelo de ação. Nos sistemas de Direito que precederam o advento da norma jurídica, a juridicidade era de tal modo irreflexa que a uniformização do comportamento era algo que advinha da própria estrutura da sociedade, uma vez que essas fontes surgiam de um poder factual. Justamente coube à positivação do Direito a missão de substituir esse vazio conservando, por seu turno, um momento de indisponibilidade que seria assegurado pela figura do Direito racional.

No entanto, sob essa figura, articula-se uma consciência moral que submete o Direito a uma regulação por princípios e o posiciona em termos de uma racionalidade procedimental. Por outro lado, ao redor do Direito racional surgem teorias do contrato social que se posicionam diferentemente sobre o que é primordial para a juridicidade: uma considera, como decisivo, o próprio fenômeno da positivação; para a outra, a tarefa primordial é explicitar a necessidade de fundamentação inerente à positivação do Direito.

Como o Direito racional assume as características de uma moral pós-convencional e como passa a regular-se por uma racionalidade procedimental? Ora, o Direito racional seria uma resposta ao vazio deixado pela perda dos fundamentos metafísicos e religiosos do Direito Natural e à perda do estatuto moralizante que compunha a Política. Justamente a secularização do monopólio do poder, por parte do Estado, possibilita que o Direito seja utilizado como *medium* para organização dos cargos e funções estatais criando uma dificuldade de atrelar imediatamente o Direito à Moral e à Justiça. Como, no entendimento de Habermas[139], o núcleo duro do Direito privado burguês é formado pelo contrato, cabe às sujeitos de direito criar seus próprios direitos subjetivos. Assim, não abandonaríamos a questão do fundamento moral para a esfera do Direito. Teríamos um deslocamento da questão, uma vez que essa questão encontrar-se-ia, agora, em uma nova ética

---

[139] HABERMAS, Jürgen. *Direito e Democracia:* entre facticidade e validade. Tomo II. Rio de Janeiro: Tempo Brasileiro, 1997, p. 238.

desacoplada das visões tradicionais de mundo. A questão da fundamentação teria que se adaptar às exigências de um tempo pós-metafísico. Nessas circunstâncias, o contrato social parte da ideia de que os sujeitos de direito celebram, de modo autônomo, os pactos que originam suas próprias leis. Esse pacto, celebrado de modo autônomo, institucionaliza os interesses privados de tal modo que passa a justificar moralmente as emanações do Direito Positivo. As regulamentações jurídicas, contratualmente estabelecidas, dão-se através de um procedimento que se inicia com a associação de um com os demais a fim de garantir a existência em termos aceitáveis. Assim, o contrato firma-se a partir de regulamentações das condutas a serem adotadas. Portanto, na base do contrato, temos um procedimento que demonstra que a racionalidade, inerente ao moderno Direito natural, é uma racionalidade prática. Isto é, sendo uma razão que se estabelece a partir de um contrato firmado de modo autônomo temos, por conseguinte, uma racionalidade de uma moral autônoma. Portanto, inerente à moralidade autônoma é a distinção entre normas, princípios justificadores e processos, pois:

> Na medida em que a ideia do contrato social leva em conta tal procedimento para a fundamentação de ordens políticas constituídas juridicamente, o Direito Positivo é submetido a princípios morais. Isto sugere a hipótese, segundo a qual, ao passar para a modernidade, o direito *foi precedido* por uma mudança da consciência moral.[140]

A teoria contratual do Direito racional recebeu diferentes versões. A primeira tem como representante Hobbes que retirou, tanto do Direito quanto da Política, qualquer pretensão à moralidade. O importante para Hobbes é a necessidade de imposição. O Direito, outorgado pelo soberano, tem que satisfazer a necessidade de um poder imperioso que submete a vontade de todos os membros do contrato social a um poder absoluto. Essa necessária autorização que os sujeitos, livres e autônomos, dão para o exercício autoritário do poder constitui uma contradição

---

[140] HABERMAS, Jürgen. *Direito e Democracia:* entre facticidade e validade. Tomo II. Rio de Janeiro: Tempo Brasileiro, 1997, pp. 238/239.

CAPÍTULO II - PRIMEIRO ESBOÇO DE FUNDAMENTAÇÃO DO DIREITO

performativa[141], pois, para Habermas, Hobbes não observa que há uma conotação moral no momento da autorização para o surgimento do contrato e o projeto de uma submissão a um poder autoritário. Isto é, a contradição surge da necessidade de uma associação de membros livres abdicarem dessa liberdade em nome de uma submissão a um poder que se faz em um momento posterior ao pacto. Em síntese, da necessidade que tem o poder absoluto de se estabelecer a partir da liberdade.

No seio da teoria contratual, Kant tenta explicitar os elementos normativos do Direito que se fixam a partir de uma teoria moral. No entendimento habermasiano, a teoria kantiana do Direito resulta de sua conformação ao imperativo categórico.[142] Do imperativo categórico se deduz o direito subjetivo de cada um na medida em que o direito individual de cada um esteja aritmeticamente proporcional ao de todos os demais. Assim, temos que a conformação da liberdade individual em termos aritméticos significa que temos uma medida de simetria para regular as liberdades subjetivas segundo uma lei geral de liberdade. Daí decorre que o Direito em Kant é essencialmente moral. Assim,

> em Kant, o direito moral ou natural, deduzido *a priori* da razão prática, ocupa a tal ponto o lugar central, que o direito corre o risco de se desfazer em moral; falta pouco para o direito ser reduzido a um modo deficiente de moral.[143]

Entrementes, Kant realiza uma construção da teoria do Direito que aponta para os momentos de indisponibilidade esquecendo, por seu turno, o aspecto de instrumentalidade que faz parte da função política desempenhada pelo sistema jurídico. Com a recusa dos fundamentos metafísicos e a secularização da política há um 'esquecimento' dos fundamentos morais que norteiam a prática cotidiana dos sujeitos de

---

[141] HABERMAS, Jürgen. *Direito e Democracia:* entre facticidade e validade. Tomo II. Rio de Janeiro: Tempo Brasileiro, 1997, p. 239.

[142] HABERMAS, Jürgen. *Direito e Democracia:* entre facticidade e validade. Tomo II. Rio de Janeiro: Tempo Brasileiro, 1997, p. 239.

[143] HABERMAS, Jürgen. *Direito e Democracia:* entre facticidade e validade. Tomo II. Rio de Janeiro: Tempo Brasileiro, 1997, p. 239.

direito. E o que faz Kant? Para Habermas, apenas desloca a questão. Kant substitui o Direito Natural metafísico-religioso por um Direito Natural fundado a partir da associação autônoma de sujeitos de Direito, livres e iguais. Então caberia ao Direito Natural, contratualmente gestado, a missão de sustentar o edifício das relações sociais. Contudo, nesse edifício, tanto a Política quanto o Direito exercem uma função secundária, uma vez que sua arquitetura é firmada a partir de leis de uma razão prática. Em suas palavras:

> agora, todos os poderes do Estado, diferenciados em si mesmos, entram na sombra de uma *res publica noumenon*, (como simples ideia), justificada pela razão, a qual deve ser copiada, do modo mais fiel possível, pela *res publica phainomenon* (como fenômeno social). A própria positivação do direito, enquanto realização de princípio do direito racional, se encontra sob imperativos da razão.[144]

Portanto, como a Política e o Direito reduzem-se à execução de tarefas ditadas pelas leis da razão prática, na opinião de Habermas, Kant vê-se impelido a executar uma construção metafísica a partir do momento em que estabelece a distinção entre moralidade e legalidade. Apelando para uma dupla estrutura, sua teoria do Direito não se coadunava com as novas necessidades de um Direito que assumia, ao mesmo tempo, as exigências de instrumentalidade e de indisponibilidade.

2.2.2 Do Direito racional ao Estado de Direito: uma racionalidade procedimental com teor moral

Com o advento das modernas sociedades complexas e plurais não é mais possível apelar para um Direito racional que fornecia as bases normativas para a compreensão das relações sociais. O Direito racional, com seus princípios normativos e apriorísticos, entrava em choque com

---

[144] HABERMAS, Jürgen. *Direito e Democracia:* entre facticidade e validade. Tomo II. Rio de Janeiro: Tempo Brasileiro, 1997, p. 240.

CAPÍTULO II - PRIMEIRO ESBOÇO DE FUNDAMENTAÇÃO DO DIREITO

a complexidade dessas sociedades. O modelo elaborado pelo Direito racional se estabelecia a partir dos direitos subjetivos privados de sujeitos de direito que forneciam o padrão interpretativo para o sistema jurídico como um todo. Esse padrão interpretativo baseava-se na autonomia solipsista de sujeitos de direito que emprestavam valor moralizante à esfera da liberdade individual. Assim, o sistema jurídico, como dado objetivo, originava-se do Direito privado burguês. Com a evolução do Direito, os Direitos subjetivos passaram a adquirir um caráter secundário em relação ao Direito objetivo. Contudo, esse caráter secundário do Direito subjetivo proporcionou o surgimento de um novo padrão conceitual que além de recusar o caráter privado do Direito recusara também uma instância normativa com teor moral.

Paralelo a esse movimento, concebe-se, com a mesma feição, a ideia do Estado de Direito em que a lei funciona como uma instância soberana sem conteúdo moral. Consequente com esse movimento, Hermann Heller observa: "No Estado de direito, leis são somente aquelas, e todas aquelas, estabelecidas pelo legislativo como normas do direito".[145] Mas, por que a passagem de um Direito moralizado, sob os auspícios do Direito racional, para um Estado de Direito em que a normatividade é substituída pela ação parlamentar, interessa a Habermas? Ora, ele é de opinião de que já não é mais possível creditar o aspecto de moralidade do Direito a uma instância normativa. Por outro lado, também é da opinião de que é preciso salvar essa estrutura de fundamentação moralizante na medida em que ela fornece um momento de indisponibilidade, ou seja, o interessante é rastear o momento de indisponibilidade do jurídico, perdido com o abandono do Direito racional, uma vez que "a moralidade embutida no Direito Positivo possui a força transcendente de um processo que se regula a si mesmo e que controla sua própria racionalidade".[146]

Entrementes, juristas seguidores de Savigny tentaram dar uma resposta satisfatória à questão da legitimidade da legalidade. Elaboraram

---

[145] Citação extraída de: HABERMAS, Jürgen. *Direito e Democracia:* entre facticidade e validade. Tomo II. Rio de Janeiro: Tempo Brasileiro, 1997, p. 242.

[146] HABERMAS, Jürgen. *Direito e Democracia:* entre facticidade e validade. Tomo II. Rio de Janeiro: Tempo Brasileiro, 1997, p. 243.

uma teoria segundo a qual caberia à formulação científica dos juristas oferecer a fundamentação para o Direito. Desse modo, a produção legítima do ordenamento jurídico caberia ao legislador que deveria incorporar, nessa criação, além da cientificidade dos juristas, elementos consuetudinários. Não satisfeito com a concentração, nas mãos do legislador, das prerrogativas de produção do Direito, segundo a análise de Habermas[147], G. Puchta formula uma teoria que estende ao Judiciário a função de produção e de complementaridade do ordenamento jurídico, uma vez que a legitimidade do Estado de Direito baseia-se na cientificidade da argumentação jurisdicional, pois

> A autoridade desse direito judicial provém do *método científico da fundamentação*, portanto dos argumentos de uma jurisprudência que procede cientificamente. O próprio Puchta oferece o ponto inicial para uma teoria, a qual, na perspectiva da jurisdição, procura os argumentos legitimadores da legalidade na racionalidade procedimental embutida no discurso jurídico.[148]

Mesmo que a formação da vontade parlamentar, configurada em lei, estivesse voltada para a formação e obtenção de compromissos, e o discurso jurisdicional para a fundamentação sistemática e científica de juízos, no entanto, entre a interpretação e a criação, ou seja, entre a produção, o desenvolvimento e a complementaridade do sistema jurídico existe um entrelaçamento indissolúvel que implica no próprio desenvolvimento e estabelecimento do Direito. E não há como obter um conceito satisfatório de Direito apelando-se apenas para uma de suas dimensões. O Direito seria o resultado desse complexo emaranhado de discursos. É por isso que o problema da racionalidade do procedimento, típico da esfera parlamentar, "reaparece na prática de decisão judicial e na doutrina jurídica".[149]

---

[147] HABERMAS, Jürgen. *Direito e Democracia:* entre facticidade e validade. Tomo II. Rio de Janeiro: Tempo Brasileiro, 1997, pp. 243/244.

[148] HABERMAS, Jürgen. *Direito e Democracia:* entre facticidade e validade. Tomo II. Rio de Janeiro: Tempo Brasileiro, 1997, p. 244.

[149] HABERMAS, Jürgen. *Direito e Democracia:* entre facticidade e validade. Tomo II. Rio de Janeiro: Tempo Brasileiro, 1997, p. 245.

CAPÍTULO II - PRIMEIRO ESBOÇO DE FUNDAMENTAÇÃO DO DIREITO

Todavia, convém salientar que coube a Kant, através do emprego do conceito de autonomia de J. J. Rousseau, a extensão, aos processos de legislação democrática, do ponto de vista moral da imparcialidade. Como a lei seria o resultado da universalidade da vontade individual de cada membro da comunidade jurídica, era como se a lei fosse a síntese da vontade de todo o povo. Sendo síntese dessa vontade, a lei representaria a formação imparcial dessa vontade. Chave para se compreender o alcance de tal formulação é a amplitude que se dá à universalidade da lei. Segundo Habermas, Kant é o responsável pelo surgimento de dois significados diversos de universalidade da lei. Trata-se da universalidade semântica e da universalidade procedimental, pois "a universalidade semântica da lei geral abstrata assumiu o lugar de uma universalidade procedimental, que caracteriza a lei surgida democraticamente como expressão da 'vontade popular reunida'".[150]

A fim de poder realizar satisfatoriamente tal distinção, Habermas aponta três caminhos: o primeiro, é demonstrar como as normas jurídicas exercem um controle sobre a formação da vontade do legislador na medida em que circunscreve os discursos morais de fundamentação e os objetivos que propiciam os discursos políticos; o segundo, a distinção entre acordo comunicativamente alcançado de acordo alcançados a partir de compromissos de negociação e como a moral deve permear as condições que pautam os compromissos; em terceiro, a necessidade de se reconstruir o processo de imparcialidade da vontade legislativa de modo que se leve em consideração a regra da maioria, a agenda parlamentar, bem como a escolha dos temas e contribuições na esfera pública política.[151]

Essa confusão entre os significados da universalidade, isto é, entre a universalidade da lei parlamentar, em termos semânticos, com o alcance de uma universalidade procedimental, frequentemente aponta para a aplicação do Direito. Segundo Habermas, ainda que a racionalidade

---

[150] HABERMAS, Jürgen. *Direito e Democracia:* entre facticidade e validade. Tomo II. Rio de Janeiro: Tempo Brasileiro, 1997, p. 244.

[151] HABERMAS, Jürgen. *Direito e Democracia:* entre facticidade e validade. Tomo II. Rio de Janeiro: Tempo Brasileiro, 1997, pp. 244/245.

procedimental estivesse assegurada institucionalmente, as leis não se transformariam em certezas aplicáveis ao caso concreto sem nenhuma mediação. Ainda que a racionalidade procedimental fosse, desde sempre, incorporada ao processo jurídico, a universalidade semântica da lei não poderia transformar-se em uma fonte sem mediações, como se fora uma "tábua de algoritmos a ser aplicada pelo juiz".[152] Isso porque o Direito compreende-se como uma instituição que incorpora elementos morais em sua racionalidade procedimental, mas passando pela incumbência de se levar em consideração "os pressupostos comunicativos necessários para a formação discursiva da vontade e para o balanceamento equitativo de interesses em seu conjunto".[153] Em uma palavra, incorporando elementos morais, o Direito não se furta à obrigação de conter, em seu bojo, a vontade de todos os implicados. Daí que:

> No processo de legislação, pode emergir uma moralidade que emigrara para o Direito Positivo, de tal modo que os discursos políticos se encontram sob as limitações do ponto de vista moral, que temos que respeitar ao *fundamentar* normas. Porém, numa *aplicação* de normas, sensível ao contexto, a imparcialidade do juízo não está garantida pelo simples fato de perguntarmos acerca daquilo que todos poderiam querer, e sim pelo fato de levarmos adequadamente em conta todos os aspectos relevantes de uma situação dada. Por isso, a fim de decidir quais normas podem ser aplicadas a determinado caso, é preciso esclarecer se a descrição da situação é completa e adequada, englobando todos os interesses afetados.[154]

Assim, com Klaus Günther, Habermas leva em consideração, para a análise do processo jurídico, tanto o exame da possibilidade da universalização dos interesses quanto o exame das circunstâncias que levem em conta todas as normas concorrentes.

---

[152] HABERMAS, Jürgen. *Direito e Democracia:* entre facticidade e validade. Tomo II. Rio de Janeiro: Tempo Brasileiro, 1997, p. 245.

[153] HABERMAS, Jürgen. *Direito e Democracia:* entre facticidade e validade. Tomo II. Rio de Janeiro: Tempo Brasileiro, 1997, p. 245.

[154] HABERMAS, Jürgen. *Direito e Democracia:* entre facticidade e validade. Tomo II. Rio de Janeiro: Tempo Brasileiro, 1997, pp. 245/246.

CAPÍTULO II - PRIMEIRO ESBOÇO DE FUNDAMENTAÇÃO DO DIREITO

Portanto, ao incorporar a ideia do Estado de Direito, Habermas pretende, em substituição ao Direito racional, demonstrar que a racionalidade procedimental assegura ao Direito Positivo um momento de indisponibilidade imune contra intervenções meramente contingentes. Por conseguinte, temos um Estado de Direito que mantém a separabilidade dos poderes de modo que sua legitimidade emana de processos de jurisdição e de legislação que garantem a imparcialidade.[155] Tentando explicitar a ideia do Estado de Direito mediante a teoria do discurso, ele esboça uma teoria que tem que se confrontar com a tensão entre a facticidade de um Direito que se situa em uma comunidade jurídica situada historicamente e a validade dessas pretensões que apontam para além dos contextos de uma comunidade jurídica dada. Ao aprofundar a relação entre facticidade e validade de um sistema de Direito situado historicamente, Habermas será obrigado a rever a relação de complementaridade entre Direito, Moral e Política. Será obrigado a dar uma nova dimensão a sua teoria do discurso e ao conceito de razão comunicativa. Com essa renovação, terá a oportunidade de lançar os fundamentos de uma Filosofia do Direito sofisticada, tão eloquente quanto controversa.

---

[155] HABERMAS, Jürgen. *Direito e Democracia:* entre facticidade e validade. Tomo II. Rio de Janeiro: Tempo Brasileiro, 1997, p. 246.

Capítulo III

O DIREITO ENTRE *FACTICIDADE E VALIDADE*

3.1. DA RAZÃO PRÁTICA À RAZÃO COMUNICATIVA

É próprio da modernidade, segundo a concepção descrita em *Direito e Democracia:* entre facticidade e validade[156], a identificação da razão prática a uma faculdade subjetiva constituída a partir de um sujeito singular ou de um macro sujeito. A filosofia prática parte da premissa solipsista de um sujeito individual que pensa o mundo e a história a partir de si mesmo. O que se quer frisar é que a razão prática, atrelada a uma faculdade subjetiva, tornou-se, ao mesmo tempo, uma razão de cunho normativista. É o conteúdo normativista da razão prática que permite à modernidade oferecer ao indivíduo uma alternativa aos problemas que afetam sua vida e sua comunidade. Assim, com esse recurso, o indivíduo passa a ser a sede de toda moralidade e de toda politicidade. Caberia à razão prática servir de guia para a ação do indivíduo, oferecendo-lhe uma orientação normativa para sua ação, cabendo ao Direito Natural, por sua vez, a institucionalização dessa ação em termos sociopolíticos.[157]

---

[156] HABERMAS, Jürgen. *Direito e Democracia:* entre facticidade e validade, tomo I. Rio de Janeiro: Tempo Brasileiro, 1997, p. 17.

[157] HABERMAS, Jürgen. *Direito e Democracia:* entre facticidade e validade. Tomo I. Rio de Janeiro: Tempo Brasileiro, 1997, p. 19.

No entanto, nas sociedades modernas, a herança do normativismo da razão prática se faz presente através da organização democrática da sociedade[158] que se ordena burocraticamente e tem, no recurso à associação entre Estado e Economia, sua grande diretriz. Isso conduzirá o direito racional a um trilema[159]: com a substituição da razão prática pela filosofia solipsista, não se pode mais buscar o conteúdo do direito racional em uma teleologia da história, na essência do homem ou ainda, apelar para o sucesso de tradições culturais. Com a ausência de uma oferta normativa para guiar as ações em um plano individual ou social abrem-se os espaços para a recusa da razão em seu todo. Ou seja, o desaparecimento da instância de conteúdo que oferecia um acesso imediato para a práxis em geral gera uma ausência de sentido que, em última instância, confundir-se-á com a recusa mesma da racionalidade. Essa anomia, nesse sentido, depreende-se da falta de um patamar normativo, de um conteúdo que oriente a ação. Não concordando com esse horizonte, Habermas, através da reviravolta linguística[160], substituirá a razão prática pela razão comunicativa acoplando o conceito de racionalidade ao *medium* linguístico.

Ora, é através do *medium* linguístico que a razão comunicativa se distingue da razão prática. A razão prática está associada a um padrão interpretativo que se entende a partir da singularidade. Mesmo quando busca a pluralidade o modelo é o sujeito, ampliadas suas dimensões. Como faculdade subjetiva, a razão prática perpassa a totalidade da constituição social, uma vez que o quadro conceitual é dado a partir de um sujeito solipsista. A sociedade é composta da união desses sujeitos vindo ela mesma a constituir-se como um sujeito em dimensões ampliadas. Por outro lado, a razão comunicativa insere-se no telos do entendimento

---

[158] HABERMAS, Jürgen. *Direito e Democracia:* entre facticidade e validade. Tomo I. Rio de Janeiro: Tempo Brasileiro, 1997, p. 18.

[159] HABERMAS, Jürgen. *Direito e Democracia:* entre facticidade e validade. Tomo I. Rio de Janeiro: Tempo Brasileiro, 1997, p. 19.

[160] Para a compreensão do significado da *linguistic turn*, cf.: OLIVEIRA, Manfredo Araújo de. *Reviravolta linguístico-pragmática na filosofia Contemporânea.* (Coleção Filosofia, 40). São Paulo: Loyola, 1996.

CAPÍTULO III - O DIREITO ENTRE FACTICIDADE E VALIDADE

a partir do *medium* linguístico.[161] No ato de linguagem, isto é, com a fala, buscamos o entendimento com alguém sobre algo no mundo. Na busca desse entendimento adotamos um enfoque performativo, ou seja, uma performance, o que implica a aceitação de certos pressupostos. Mais precisamente, adotamos as seguintes pretensões universais de validade[162]: o falante tem que expressar-se de modo a se fazer compreender; sua comunicação se faz através de conteúdo proposicional verdadeiro, isto é, ele dá a entender algo; suas intenções são expressas verazmente de modo que se firme um entendimento a partir do que é comunicado; e sua manifestação tem que ser correta para que seja possível o entendimento.[163] E essas pretensões de validade da fala comunicam-se às formas de vida que se reproduzem comunicativamente.

No entanto, ao contrário da razão prática, a razão comunicativa não oferece modelos para a ação. Não sendo uma norma de ação, a razão comunicativa constitui-se como condição possibilitadora e, ao mesmo tempo, limitadora do entendimento. A razão comunicativa dispõe de uma contrafactualidade precisamente por assentar-se em uma base de validade pragmática, pois quem age comunicativamente "é obrigado a empreender idealizações, por exemplo, a atribuir significado idêntico a enunciados, a levantar uma pretensão de validade em relação aos proferimentos e a considerar os destinatários imputáveis, isto é, autônomos e verazes consigo mesmos e com os outros".[164] A partir desse entendimento, surgem idealizações que, a partir do factual, apontam para o contrafactual, ou seja, ao entender-se sobre algo no mundo a partir do *medium* linguístico surge uma tensão entre realidade e ideia,

---

[161] HABERMAS, Jürgen. *Direito e Democracia*: entre facticidade e validade. Tomo I. Rio de Janeiro: Tempo Brasileiro, 1997, p. 20.

[162] HABERMAS, JÜRGEN. "¿Qué significa pragmática universal?". *Teoría de la Acción Comunicativa: Complementos y Estudios Previos*. Madrid: Catedra, 1989, p. 300.

[163] HABERMAS, JÜRGEN. "¿Qué significa pragmática universal?". *Teoría de la Acción Comunicativa*: Complementos y Estudios Previos. Madrid: Catedra, 1989, p. 301: "El acuerdo descansa sobre la base del reconocimiento cuatro correspondientes pretensiones de validez: inteligibilidad, verdad, veracidad y rectitud".

[164] HABERMAS, Jürgen. *Direito e Democracia*: entre facticidade e validade. Tomo I. Rio de Janeiro: Tempo Brasileiro, 1997, p. 20.

pois ao adotar a linguagem fazemos idealizações inevitáveis que podem opor-se ao acordo fático.

Com as pretensões de validade, a razão comunicativa exerce uma orientação somente sobre as pretensões de validade, uma vez que essas são inelimináveis, mas de modo algum serve para informar sobre que tarefas devemos cumprir uma vez que "não é informativa, nem imediatamente prática".[165] Ao ligar-se às referidas pretensões de validade, a saber, à inteligibilidade, à verdade, à veracidade e à retidão, a razão comunicativa alcança uma amplitude que aponta para além do moral e prático. Ao mesmo tempo, ela se refere às asserções criticáveis que estão abertas a um jogo dialógico de modo que se possa pôr em discussão a referida pretensão à racionalidade. É importante frisar a distinção feita, por Habermas, por um lado, entre a normatividade da razão prática, que tem o sentido de uma orientação que se faz necessária para o agir de modo que a ação é regida por uma obrigatoriedade e, por outro, a racionalidade do discurso que se depreende da abertura ao entendimento via *medium* linguístico. Ou seja, a razão prática parte de uma orientação vinculante para o agir, ao passo que na razão comunicativa o agir é orientado para o entendimento, pois, tendo a linguagem como *medium*, o entendimento lhe é acoplado.

Por esses motivos a razão comunicativa é considerada como um componente de uma assim chamada teoria reconstrutiva da sociedade. É a partir dessa formulação que Habermas recusará o conceito tradicional de razão prática, tendo assim, que abandonar a concepção normativa[166]

---

[165] HABERMAS, Jürgen. *Direito e Democracia:* entre facticidade e validade. Tomo I. Rio de Janeiro: Tempo Brasileiro, 1997, p. 21.

[166] Ora, é justamente a recusa ao caráter normativo da razão prática que propiciará a Habermas em *Direito e Democracia: entre facticidade e validade,* formular um novo conceito de direito que abandonará a clássica relação com a moral, bem como introduzir um conceito jurídico dependente de uma razão procedimental. Nesse sentido, Habermas opõem-se, radicalmente, às formulações do tipo kantiano, mesmo à formulação de Karl-Otto Apel. Interpreta Habermas a dependência do Direito em relação à moral na questão da fundamentação como um resquício da filosofia da consciência. No caso de Apel, a objeção é que a tentativa de uma busca de fundamentação última é por demais normativista, atrelando-se, portanto, às mesmas objeções levantadas contra a razão

CAPÍTULO III - O DIREITO ENTRE FACTICIDADE E VALIDADE

que interpreta o direito como filiado à moral. No entanto, é conforme esse quadro conceitual que ele lançará as luzes para vislumbrar os discursos no seio do poder democrático exercitado sob os auspícios do Direito. Assim, toda gênese do Direito, legislação, administração e jurisprudência são interpretadas como partes de um processo de racionalização do mundo da vida em sociedades modernas abertas às pressões dos imperativos sistêmicos.[167] Portanto, oferece-nos a oportunidade de refletir sobre os aspectos da composição da juridicidade.

Consequentemente, na opinião de Habermas[168], a moralidade fundada em princípios necessita complementar-se por meio do Direito Positivo. Por isso, a juridicidade rompe o quadro conceitual oferecido por uma reflexão meramente normativa.[169] A partir da teoria do discurso, fundada em uma racionalidade comunicativa, será formulada uma teoria do Direito, e do Estado de Direito[170], incorporando, contudo, os

---

prática. Assim, com a recusa à razão prática e à filosofia solipsista, Habermas interpretará a teoria do Direito no seio da teoria do discurso. Cf. HABERMAS, Jürgen. *Direito e Democracia*: entre facticidade e validade. Tomo I. Rio de Janeiro: Tempo Brasileiro, 1997, p. 10, bem como o quarto capítulo deste trabalho.

[167] HABERMAS, Jürgen. *Direito e Democracia*: entre facticidade e validade. Tomo I. Rio de Janeiro: Tempo Brasileiro, 1997, p. 22.

[168] HABERMAS, Jürgen. *Direito e Democracia*: entre facticidade e validade. Tomo I. Rio de Janeiro: Tempo Brasileiro, 1997, p. 23.

[169] HABERMAS, Jürgen. *Direito e Democracia*: entre facticidade e validade. Tomo I. Rio de Janeiro: Tempo Brasileiro, 1997, p. 22: "Teorias normativas expõem-se à suspeita de não levarem na devida conta os duros fatos que desmentiram, faz tempo, a autocompreensão do moderno Estado de direito, inspirada no direito racional. Pelo ângulo da objetivação das ciências sociais, uma conceituação filosófica que insiste em operar com a alternativa: ordem estabilizada através da força e ordem legitimada racionalmente, remonta à semântica de transição da baixa modernidade, que se tornou obsoleta a partir do momento em que se passou de uma sociedade estratificada para sociedades funcionalmente diferenciadas".

[170] HABERMAS, JÜRGEN. "Posfácio". *Direito e Democracia*: entre facticidade e validade. Tomo II. Rio de Janeiro: Tempo Brasileiro, 1997, p. 309: "Após, a guinada linguística, é possível reinterpretar essa compreensão deontológica da moral em termos de uma teoria do discurso. Com isso, o modelo do contrato é substituído por um modelo do discurso ou da deliberação: a comunidade jurídica não se constitui através de um contrato social, mas na base de um entendimento obtido através do discurso. Enquanto a argumentação *moral* continuar servindo como padrão para o discurso

questionamentos elaborados pela filosofia social e política, de modo a ultrapassar os padrões conceituais do Direito formal burguês de cunho privado e do Estado social.

3.2. A TENSÃO ENTRE FACTICIDADE E VALIDADE NO SEIO DA LINGUAGEM: SIGNIFICADO E VERDADE

É através do Direito Positivo moderno que Habermas tentará, através da teoria do agir comunicativo, assimilar a tensão entre facticidade e validade. Assim, ele pretende envolver-se com o problema de como é possível que aconteça a reprodução social no seio de pretensões de validade. A explicação poder-se-ia apresentar a partir do Direito moderno uma vez que, segundo sua mediação, faz-se possível o surgimento de comunidades artificiais, comunidades jurídicas (sociedades mercantis, Estados federativos, comunidades internacionais etc.), que, por sua vez, se compõem de membros livres e iguais, cuja sociabilidade resulta de uma pretensa ameaça de sanção e da suposição de um acordo racional a lhe dar fundamento. Precisamente por meio disso é "que o agir comunicativo atribui às forças ilocucionárias da linguagem orientada ao entendimento a função importante da coordenação da ação".[171] Ora, os atos ilocucionários contêm, em seu enunciado, a execução de uma ação.[172] Daí a vinculação entre agir comunicativo e a força dos atos ilocucionários. A partir desse patamar poder-se-á delinear uma nova relação entre facticidade e validade por meio do *medium* linguístico.

---

constituinte, a ruptura com a tradição do direito racional não será, evidentemente, completa".

[171] HABERMAS, Jürgen. *Direito e Democracia:* entre facticidade e validade. Tomo I. Rio de Janeiro: Tempo Brasileiro, 1997, p. 25.

[172] ARAÚJO, Luiz Bernardo Leite. *Religião e Modernidade em Habermas.* (Coleção Filosofia, 37). São Paulo: Loyola, 1996. pp. 126/127: "Assim, é apenas com base nos atos ilocucionários que Habermas considera possível elucidar os conceitos de 'intercompreensão' e de 'agir orientado ao entendimento mútuo', pois é quando o locutor atinge seu objetivo ilocucionário, no sentido de Austin, que tem êxito a tentativa de reconhecimento intersubjetivo embutida em todo ato de fala".

CAPÍTULO III - O DIREITO ENTRE FACTICIDADE E VALIDADE

Embora a passagem da razão prática para a ação comunicativa signifique uma ruptura com a tradição normativista, Habermas pretende conservar a preocupação fundamental com os problemas que assolam o mundo da vida[173]. Então, com a colocação do problema da idealização inevitável realizada pela linguagem, idealização que se dá com o entendimento mútuo, surge o perigo de confundir razão e realidade. Por isso precisamos esclarecer a questão de como a razão comunicativa faz a mediação com os fatos sociais ou, "em que sentido a razão comunicativa poderia incorporar-se aos fatos sociais"?[174]

Ora, qual é a intenção habermasiana? Demonstrar que a tensão entre facticidade e validade, inerente à linguagem, imigra dessa para o Direito. Segundo ele, a filosofia do século XX nasce a partir da recusa da resposta psicológica aos problemas lógico-matemáticos e os da gramática. Esse movimento, para Habermas, resume-se a partir da tese de Frege segundo a qual "há uma diferença entre nossos pensamentos e nossas representações".[175] A diferença consiste em que as representações são sempre propriedades de uma pessoa no singular, isto é, referem-se ao modo que alguém representa para si um dado qualquer.[176] Logo, trata-se de uma atribuição individual, ao modo como simbolizo, como me apresento este ou aquele dado. Sendo uma representação tem que ser atribuída a um sujeito dado. O pensamento, ao contrário, aponta para a coletividade, uma vez que não está circunscrito a uma consciência individual apenas. Os pensamentos são expressos através de enunciados que denotam fatos ou estados de coisas. Os pensamentos, "mesmo que sejam apreendidos por sujeitos diferentes, em lugares e épocas distintas, eles continuam sendo, de acordo com seu conteúdo e em sentido

---

[173] HABERMAS, Jürgen. *Direito e Democracia:* entre facticidade e validade. Tomo I. Rio de Janeiro: Tempo Brasileiro, 1997, p. 26.

[174] HABERMAS, Jürgen. *Direito e Democracia:* entre facticidade e validade. Tomo I. Rio de Janeiro: Tempo Brasileiro, 1997, p. 27.

[175] Citação extraída de: HABERMAS, Jürgen. *Direito e Democracia:* entre facticidade e validade. Tomo I. Rio de Janeiro: Tempo Brasileiro, 1997, p. 27.

[176] HABERMAS, Jürgen. *Direito e Democracia:* entre facticidade e validade. Tomo I. Rio de Janeiro: Tempo Brasileiro, 1997, pp. 27/28.

estrito, os *mesmos* pensamentos".[177] Enquanto que na representação se denota tão-somente objetos, cabe aos pensamentos a apreensão de fatos e estados de coisas.[178]

Exatamente porque os pensamentos são expressos através de proposições é que precisamos do *medium* linguístico para expressarmos a distinção entre pensamentos e representações. Nisso consiste, para Habermas, que as expressões linguísticas tenham significado idêntico para os mais diversos usuários.[179] Isso quer dizer que uma dada comunidade de linguagem tem a mesma compreensão sobre uma certa expressão gramatical. Nas mais diversas situações em que são empregadas, essas expressões conservam o mesmo significado. Isso quer dizer que, ao serem empregadas, as expressões compartilham de uma certa transcendência que lhes é peculiar. Na opinião habermasiana, precisamente nisso está a relação entre o geral e o particular ou, para falar com a tradição, a relação entre essência e aparência. Em síntese, a idealidade, pressuposta nos pensamentos, aponta para uma generalidade que se faz transcendente à consciência individual de modo que se torna aberta e acessível e que preserva o mesmo fio condutor na multiplicidade de vozes, opondo-se ao acesso das representações de uma consciência individual, particular e solipsista.

Entrementes, além da pergunta pelo conteúdo assertórico que exprime um estado de coisa, surge a pergunta sobre a validade do enunciado.

---

[177] HABERMAS, Jürgen. *Direito e Democracia:* entre facticidade e validade. Tomo I. Rio de Janeiro: Tempo Brasileiro, 1997, p. 28.

[178] OLIVEIRA, Manfredo Araújo de. *Reviravolta linguístico-pragmática na filosofia Contemporânea.* (Coleção Filosofia, 40). São Paulo: Loyola, 1996, p. 60, nota 10: "Para Frege, o pensamento, enquanto conteúdo de um ato de pensar, não é um elemento da corrente da consciência, ele não pertence ao conteúdo da consciência em contraposição a tudo aquilo que ele denomina 'representação', isto é, sensação, imagens etc. O pensamento é objetivo, enquanto a representação não. Assim, o pensamento pertence a todos, porque todos têm acesso a ele. Daí a dicotomia radical entre o objetivo e o subjetivo: o pensamento pertence ao terceiro reino de entidades atemporais e imutáveis, cuja existência independe do fato de serem captadas e expressas".

[179] HABERMAS, Jürgen. *Direito e Democracia:* entre facticidade e validade. Tomo I. Rio de Janeiro: Tempo Brasileiro, 1997, p. 29.

CAPÍTULO III - O DIREITO ENTRE FACTICIDADE E VALIDADE

Ou seja, além do conteúdo que o enunciado contém interessa o posicionamento sobre esse pensamento. Isto é, com o posicionamento, em termos de sim/não, sobre um pensamento surge uma apreciação crítica sobre o enunciado. O que se quer frisar é que a circunstância de uma representação não pode ser confundida com a ideia mesma da coisa transmitida através de pensamentos. Ele nos apresenta [180] um exemplo que demostra que a circunstancialidade de um conteúdo assertórico não se confunde com a existência de um objeto, mas à permanência transitória de um estado incidindo sobre esse mesmo objeto. Isto porque "o sentido veritativo não pode ser confundido com a existência".[181] A distinção entre a circunstancialidade de um estado de um objeto e sua existência será importante para que ele possa rejeitar a proposta de que "pensamentos, proposições ou estados de coisas contêm um ser ideal em si".[182] A carência dessa distinção, segundo Habermas, inviabilizou o trabalho da semântica formal durante bastante tempo.

Entrementes, isso conduz, na opinião habermasiana, à problemática do sentido veritativo a partir do horizonte linguístico. Isso porque a ideia de verdade não pode ser explicada com o mesmo padrão da generalidade do significado. Dito de outro modo: o conceito de uma idealidade da generalidade do significado[183], através de uma capacidade subjetiva que produz e avalia pensamentos, prende-se a um conceito semântico de linguagem preso a análises empíricas, enquanto que a idealidade da validade veritativa aponta para um horizonte de sentido mediado linguisticamente por uma comunidade de comunicação.

---

[180] HABERMAS, Jürgen. *Direito e Democracia:* entre facticidade e validade. Tomo I. Rio de Janeiro: Tempo Brasileiro, 1997, p. 30: "A crítica semântica ao pensamento representador significa, por exemplo, que a proposição: 'essa bola é vermelha' não exprime a representação individual de uma bola vermelha. Ela representa, ao invés disso, a circunstância de *que* a bola é vermelha".

[181] HABERMAS, Jürgen. *Direito e Democracia:* entre facticidade e validade. Tomo I. Rio de Janeiro: Tempo Brasileiro, 1997, p. 30.

[182] HABERMAS, Jürgen. *Direito e Democracia:* entre facticidade e validade. Tomo I. Rio de Janeiro: Tempo Brasileiro, 1997, p. 30.

[183] HABERMAS, Jürgen. *Direito e Democracia:* entre facticidade e validade. Tomo I. Rio de Janeiro: Tempo Brasileiro, 1997, p. 31.

Com o conceito de um mundo compartilhado intersubjetivamente através do *medium* linguístico, na opinião de Habermas, Charles S. Peirce completou a *linguistic turn*. Por considerar a comunicação e a interpretação de sinais peças chaves da representação linguística para um possível intérprete, é que será possível para Peirce articular um conceito de linguagem que abrange não apenas a formação dos conceitos, mas também, o momento atemporal da formação de juízos verdadeiros.[184] É a partir dessa estrutura que lhe vai ser possível articular o nexo entre mundo e comunidade de interpretação, uma vez que só tem sentido falar em mundo onde seus membros se entendam entre si em um mundo que é compartilhado intersubjetivamente.

Com isso pode-se distinguir entre real e verdadeiro. "'Real' é o que pode ser representado em proposições verdadeiras, ao passo que 'verdadeiro' pode ser explicado a partir da pretensão que é levantada por uma relação ao outro no momento em que se assevera uma proposição".[185] Assim, com a pretensão à veracidade de seu proferimento e, como essa pretensão se situa em um contexto interpretativo que é compartilhado intersubjetivamente, essa pretensão à veracidade aponta para o problema da validade, uma vez que a validade de tal proferimento "tem de ser entendida como 'validade que se mostra para nós".[186] Portanto, a pretensão à verdade levantada tem de ser criticável e aberta a possíveis objeções para fazer jus a um acatamento racional da comunidade interpretativa.

Importa, nesse contexto, a referência que a pergunta pela validade de um proferimento contém, visto que, uma pretensão de verdade pelo nexo de validade supera os limites pontuais de qualquer comunidade interpretativa particular, pois a pergunta pela validade desse proferimento supõe que falantes e ouvintes transcendem os

---

[184] HABERMAS, Jürgen. *Direito e Democracia:* entre facticidade e validade. Tomo I. Rio de Janeiro: Tempo Brasileiro, 1997, p. 31.

[185] HABERMAS, Jürgen. *Direito e Democracia:* entre facticidade e validade. Tomo I. Rio de Janeiro: Tempo Brasileiro, 1997, p. 32.

[186] HABERMAS, Jürgen. *Direito e Democracia:* entre facticidade e validade. Tomo I. Rio de Janeiro: Tempo Brasileiro, 1997, p. 32.

CAPÍTULO III - O DIREITO ENTRE FACTICIDADE E VALIDADE

padrões particulares de uma comunidade. A partir da superação da provincialidade de uma comunidade, Peirce constrói o conceito de contrafactualidade para explicar a transcendência que ocorre quando se aponta para além dos limites de um acordo factual situado numa dada historicidade. Ou seja, "Peirce constrói uma espécie de transcendência a partir de dentro, servindo-se do conceito contrafactual '*final opinion*' de um consenso obtido sob condições ideais".[187] Isso, precisamente, na opinião de Habermas, é o que vai possibilitar a Peirce entender a verdade como o que se aceita racionalmente sob a égide de um auditório de intérpretes que, pela comunicação, aponta para além de fronteiras sociais e temporais.

Com a ideia de verdade[188] toca-se na relação entre facticidade e validade que se constitui no entendimento mediado pela linguagem, o que nos coloca frente à questão de como significados idênticos preservam-se na multiplicidade de empregos linguísticos. Como também a de explicar como se dá a transcendência das pretensões de validade. E é exatamente essa transcendência que vai permitir a distinção entre os procedimentos que se orientam por pretensões de verdade dos que se orientam pela factualidade imanente à provincialidade.[189] Essa transcendência permite que a tensão entre facticidade e validade converta-se em pressupostos comunicativos, uma vez que a idealidade de seus conteúdos

---

[187] HABERMAS, Jürgen. *Direito e Democracia*: entre facticidade e validade. Tomo I. Rio de Janeiro: Tempo Brasileiro, 1997, p. 32.

[188] Uma análise pormenorizada sobre as teorias da verdade pode ser encontrada em: HABERMAS, JÜRGEN. "Teorías de la verdad". *Teoría de la acción comunicativa*: complementos y estudios previos. Madrid: Cátedra, 1989, pp. 113-158.

[189] HABERMAS, Jürgen. *Direito e Democracia*: entre facticidade e validade. Tomo I. Rio de Janeiro: Tempo Brasileiro, 1997, p. 33: "Para Peirce, a referência a uma comunidade de comunicação *ilimitada* consegue substituir o caráter supratemporal da incondicionalidade pela ideia de um processo de interpretação aberto e voltado para um fim, o qual, partindo de uma existência finita, localizada no espaço social e no tempo histórico, transcende-o a partir de dentro. Ainda segundo Peirce, os processos de aprendizagem da comunidade comunicacional ilimitada devem formar no tempo o arco que sobrepuja todas as distâncias espaço-temporais; devem ser realizáveis no mundo as condições que supomos suficientemente preenchidas para a pretensão incondicional de pretensões de validade transcendentes".

tem de ser aceita factualmente para que seja possível a pergunta pela verdade proposicional ou ainda para legitimar uma pretensão de validade.

Embora Peirce tenha em mente um entendimento em uma comunidade comunicativa de pesquisadores (república de eruditos), na proposta habermasiana, as condições de entendimento sobre algo no mundo têm como fim a busca para a validade de suas pretensões. No entanto, essas regras, comuns tanto à republica dos eruditos como à prática comunicativa cotidiana, possuem a mesma unidade básica. Por conseguinte, a prática comunicativa cotidiana alarga o aspecto das pretensões de verdade, uma vez que o alcance do conceito da linguagem compreende todas suas potencialidades e a relação com o mundo de modo a constituir-se enquanto pretensão de validade, "essas pretensões de validade, que incluem – além de pretensões assertóricas – pretensões à veracidade subjetiva e à correção normativa".[190]

Ora, alargar o conceito de Peirce de uma comunidade de comunicação ilimitada constitui a intenção habermasiana[191], uma vez que é seu intento demonstrar como a tensão entre facticidade e validade pode ser encontrada tanto na prática comunicativa cotidiana quanto nos pressupostos pragmáticos da linguagem.

3.3. O AGIR COMUNICATIVO COMO FONTE PRIMÁRIA DE INTEGRAÇÃO SOCIAL

Ao analisarmos o significado de expressões linguísticas e a validade de proposições assertóricas, segundo Habermas[192], tocamos em idealizações que, por seu turno, apontam para uma análise pragmática da linguagem que tem como escopo o entendimento. Esse entendimento,

---

[190] HABERMAS, Jürgen. *Direito e Democracia:* entre facticidade e validade. Tomo I. Rio de Janeiro: Tempo Brasileiro, 1997, p. 34.

[191] HABERMAS, Jürgen. *Direito e Democracia:* entre facticidade e validade. Tomo I. Rio de Janeiro: Tempo Brasileiro, 1997, pp. 34/35.

[192] HABERMAS, Jürgen. *Direito e Democracia:* entre facticidade e validade. Tomo I. Rio de Janeiro: Tempo Brasileiro, 1997, p. 35.

CAPÍTULO III - O DIREITO ENTRE FACTICIDADE E VALIDADE

por sua vez, quando atrelado às forças ilocucionárias dos atos de fala propicia uma contribuição importante para a teoria da ação. Por meio do conceito agir comunicativo[193], Habermas quer demonstrar como a tensão entre facticidade e validade, inerente à linguagem (em todas as suas facetas), é conectada com a integração de indivíduos socializados comunicativamente.

Assim, a integração social[194] caracteriza-se pelo engate das diversas perspectivas de ação de modo que tais perspectivas possam ser resumidas em ações comuns. Ou seja, no ato de integração social as diversas perspectivas de comportamento são canalizadas para um fim comum que permite, ao mesmo tempo, tanto a realização de uma respectiva ação como também mobilizá-la no sentido dessa ação gerar adesão. A conexão entre as diversas alternativas de conduta faz com que se crie um padrão comportamental de modo a tornar menos conflituoso as interações entre os agentes. É exatamente a canalização das diversas alternativas de ação que possibilita o surgimento de uma ordem social, uma vez que essa canalização reduz as alternativas a uma medida comum que passa a estabilizar o risco de dissenso.

Com o emprego da linguagem, não apenas como portador de um sentido instrumental, mas como fonte primária de integração social, o que se faz com o uso das forças ilocucionárias das ações de fala, surge uma coordenação que prima pelo entendimento[195] comunicativamente

---

[193] HABERMAS, Jürgen. *Direito e Democracia:* entre facticidade e validade. Tomo I. Rio de Janeiro: Tempo Brasileiro, 1997, p. 35: "O conceito 'agir comunicativo', que leva em conta o entendimento linguístico como mecanismo de coordenação da ação, faz com que as suposições contrafactuais dos atores que orientam seu agir por pretensões de validade adquiram relevância imediata para a construção e a manutenção de ordens sociais: pois estas *mantêm-se* no modo de reconhecimento de pretensões de validade normativas".

[194] HABERMAS, Jürgen. *Direito e Democracia:* entre facticidade e validade. Tomo I. Rio de Janeiro: Tempo Brasileiro, 1997, p. 36.

[195] HABERMAS, JÜRGEN. *Passado como futuro.* Rio de Janeiro: Tempo Brasileiro, 1993, p. 98: "A prática cotidiana orientada pelo entendimento está permeada de idealizações inevitáveis. Estas simplesmente pertencem ao *médium* da linguagem coloquial comum, através do qual se realiza a reprodução de nossa vida. É verdade que cada um

alcançado. E o agir comunicativo vem a ser a disponibilidade que existe entre falantes e ouvintes a estabelecer um entendimento que surge de um consenso sobre algo no mundo. Nossas ações situam-se em um mundo da vida compartilhado intersubjetivamente que, permeado por um pano de fundo consensual, nos possibilita um entendimento prévio. No momento, porém, em que essa estrutura básica não é suficiente para garantir a integração social surge a possibilidade de dissenso ou a respectiva necessidade de legitimar racionalmente nossas pretensões. Quando a pergunta crítica pelo porquê de tal conduta instala-se, é mister que a busca dos fins ilocucionários de nossas ações passe a coordená-las. Com a busca desses fins ilocucionários surge, então, no seio da interação entre os participantes do discurso, a pertinente possibilidade de resgate das pretensões de validade levantadas. Ou seja, em uma interação linguisticamente mediada, o ato de fala[196] é portador de uma garantia de uma obrigação que há de ser resgatável à luz do melhor argumento. Essas pretensões de validade ultrapassam, por assim dizer, os limites paroquiais de um consenso factual. No entanto, o possível resgate das pretensões de validade faz com que a transcendentalidade dessas pretensões se situe, ao mesmo tempo, em uma facticidade de um mundo concreto. Em síntese, uma pretensão[197] de validade, para ser racionalmente aceita, tem

---

de nós pode decidir-se a qualquer momento a manipular os outros ou a agir abertamente de modo estratégico. Contudo, nem todos conseguem portar-se continuamente dessa maneira. Caso contrário, a categoria 'mentira' perderia seu sentido e, no final de tudo, a gramática de nossa linguagem desmoronaria. A apropriação da tradição e a socialização tornar-se-iam impossíveis. E nós teríamos que modificar os conceitos que utilizamos até aqui para caracterizar a vida social e o mundo social. Com isso eu quero apenas dizer o seguinte: quando eu falo de idealizações, não me refiro a ideias que o teórico solitário erige *contra* a realidade tal qual é; eu apenas tenho em mente os conteúdos normativos *encontráveis* em nossas práticas, dos quais não podemos prescindir, porque a linguagem, junto com as idealizações que ela impõe aos falantes, é constitutiva para as formas de vida socioculturais".

[196] HABERMAS, Jürgen. *Direito e Democracia:* entre facticidade e validade. Tomo I. Rio de Janeiro: Tempo Brasileiro, *1997, p*p. 36/37.

[197] HABERMAS, Jürgen. *Direito e Democracia:* entre facticidade e validade. Tomo I. Rio de Janeiro: Tempo Brasileiro, 1997, p. 39: "O momento ideal de incondicionalidade está enraizado nos processos de entendimento factuais, porque as pretensões de validade põem à mostra a dupla face de Jano: enquanto pretensões, elas ultrapassam qualquer

CAPÍTULO III - O DIREITO ENTRE FACTICIDADE E VALIDADE

que se constituir, ao mesmo tempo, enquanto facticidade, pois pertence a uma comunidade histórica real e, enquanto validade, pois faz, necessariamente, idealizações ao remeter-se às razões potenciais transcendentes.

A fim de entender como a tensão entre facticidade e validade possibilita uma integração social que opera com o binômio factual/contrafactual, Habermas propõe a utilização de um método, que ele chamará *reconstrutivo*, para indicar como isso acontece. Esse passo dar-se-á com recurso a três categorias: o mundo da vida; as instituições arcaicas e a sociedade secularizada. Esses passos tornar-se-ão imprescindíveis para que possamos chegar à categoria do Direito.

3.3.1 O Mundo da Vida; as Instituições Arcaicas e a Sociedade Secularizada

O fenômeno da integração social que se articula levando em consideração o nexo entre facticidade e validade ou entre a tensão entre o factual e o contrafactual leva-nos ao conceito *mundo da vida*.[198] O problema se põe a partir do momento em que se leva em consideração que mesmo havendo o risco constante de dissenso que surge a partir da referida tensão entre o factual e o contrafactual, mesmo assim a

---

contexto; no entanto, elas têm que ser colocadas e aceitas aqui e agora, caso contrário não poderão ser portadoras de um acordo capaz de coordenar a ação – pois não existe um contexto zero. A universalidade da aceitabilidade asserida explode todos os contextos; entretanto, somente a aceitação obrigatória *in loco* pode fazer das pretensões de validade trilhos para uma prática cotidiana ligada ao contexto".

[198] Entendo por *mundo da vida, Lebenswelt*, em oposição a *mundo circundante, meio ambiente, Umwelt*, como um mundo gestado historicamente; com fruto da cultura. Cf. GADAMER, Hans-Georg. *Verdade e Método:* traços fundamentais de uma hermenêutica filosófica. Rio de Janeiro: Vozes, 1997, pp. 375/376: "Trata-se de um conceito essencialmente histórico, que não tem em mente um universo do ser, a um 'mundo que é'. Nem mesmo a ideia infinita de um mundo verdadeiro, partindo-se da progressão infinita dos mundos humano-históricos, deixa-se formular com sentido na experiência histórica (...) Mas *mundo da vida* quer dizer outra coisa, o todo em que estamos vivendo enquanto seres históricos (...) É claro que o mundo da vida será sempre, ao mesmo tempo, um mundo comunitário que contém copresença de outros".

coordenação das ações se faz de modo que se torna possível, ainda que com essa ameaça constante, uma ordem social. O dissenso geralmente baseia-se nas circunstâncias de uma ruptura com o entendimento, uma vez que é uma ameaça para a coordenação da ação. As possibilidades de conduta que estabelecem dissenso pautam-se pela recusa à fundamentação racional das condutas a serem seguidas. No entanto, se o entendimento não estivesse galgado em um agir comunicativo que, por sua vez, se estabelece a partir de uma ampla base comum de convicções[199], esse entendimento seria inteiramente improvável. Ora, nossas ações movem-se na base de entendimentos que se formam em um horizonte de sentido não problemático. Esse horizonte de sentido comum age como um maciço pano de fundo consensual que fornece imediatamente um padrão de interpretação espontâneo[200]. É o mundo da vida que propicia as situações da fala como também o pano de fundo interpretativo o qual se reproduz a partir de ações comunicativas. Esse saber originário que constitui o pano de fundo do mundo da vida, Habermas vai caracterizá-lo como um saber que possui um "caráter pré-predicativo e pré-categorial".[201]

No agir comunicativo temos um envolvimento, por parte do mundo da vida, que nos fornece uma certeza imediata que funciona como uma fonte para nossa vida e para nosso ato da fala. Isso vem a ser como que uma fonte condensada e mesmo deficiente de poder, sendo também um saber que se apresenta de modo irreflexo. No entanto, guiamo-nos como se esse saber fosse um saber condensado que possui

---

[199] HABERMAS, Jürgen. *Direito e Democracia:* entre facticidade e validade. Tomo I. Rio de Janeiro: Tempo Brasileiro, 1997, p. 40.

[200] HABERMAS, Jürgen. *Direito e Democracia:* entre facticidade e validade. Tomo I. Rio de Janeiro: Tempo Brasileiro, 1997, p. 40: "Os entendimentos explícitos movem-se, de si mesmos, no horizonte de convicções comuns não-problemáticas; ao mesmo tempo, eles se alimentam das fontes daquilo que *sempre foi familiar.* Na prática do dia-a-dia, a inquietação ininterrupta através da experiência e da contradição, da contingência e da crítica, bate de encontro a uma rocha ampla e inamovível de lealdades, habilidades e padrões de interpretação consentidos".

[201] HABERMAS, Jürgen. *Direito e Democracia:* entre facticidade e validade. Tomo I. Rio de Janeiro: Tempo Brasileiro, 1997, p. 41.

CAPÍTULO III - O DIREITO ENTRE FACTICIDADE E VALIDADE

características de um saber absoluto.[202] Isso porque essa fonte de saber é tão intimamente original que nos remetemos a ela com se fosse algo inquestionável, uma vez que não é falível nem tão pouco falsificável.

Esse saber, no entanto, perde essa dimensão de fonte inatacável no momento em que é chamado a confrontar-se com as pretensões de validade. No momento em que ele é chamado como uma fonte para oferecer uma base interpretativa, nesse momento, exatamente, sua inquestionabilidade decompõe-se como fonte do mundo da vida. Isto é, no instante em que uma certeza inatacável, e essa inatacabilidade advém de seu uso dar-se de modo irreflexo, como se fosse naturalmente composto, passa a não ser mais suficiente para gerar um consenso racionalmente motivado pois lhe são exigidas as razões que legitimam sua pretensão à aceitabilidade. É exatamente essa *chamada ao confronto* com as pretensões de validade que suspende o modo irreflexo com o qual nos servimos desse pano de fundo consensual. No entanto, esse pano de fundo consensual, que vem a ser a fonte imediata para o mundo da vida, possui uma surpreendente estabilidade. Nas palavras de Habermas:

> Entretanto, há algo que lhe confere uma surpreendente estabilidade, imunizando-o contra a pressão de experiências geradoras de contingência: é o curioso *nivelamento da tensão entre facticidade e validade*: na própria dimensão da validade é extinto o momento contrafactual de uma idealização, a qual ultrapassa respectivamente o que é factual e que poderia propiciar um confronto decepcionante com a realidade; ao mesmo tempo permanece intacta a dimensão da qual o saber implícito extrai a força de convicções.[203]

O segundo passo reconstrutivo realizar-se-á através de uma estabilidade nas expectativas de comportamento que é realizado pelas *instituições arcaicas[204]* que, por seu turno, possuem uma autoridade

---

[202] HABERMAS, Jürgen. *Direito e Democracia:* entre facticidade e validade. Tomo I. Rio de Janeiro: Tempo Brasileiro, 1997, p. 41.

[203] HABERMAS, Jürgen. *Direito e Democracia:* entre facticidade e validade. Tomo I. Rio de Janeiro: Tempo Brasileiro, 1997, pp. 41/42.

[204] HABERMAS, Jürgen. *Direito e Democracia:* entre facticidade e validade. Tomo I. Rio de Janeiro: Tempo Brasileiro, 1997, p. 42.

praticamente inatacável. Nessas instituições, o saber que se torna disponível forma-se através da fusão entre facticidade e validade, mediado pelo agir comunicativo que canaliza, através de tabus, o agir para uma base comum. As ações recebem uma orientação imediata por parte dessas instituições que, por sua vez, sedimentam as relações sociais.

Há uma mudança no sentido do agir comunicativo. O agir comunicativo deixa de ser considerado como um entrelaçamento entre as diversas ações na busca de uma base legitimatória para as ações, passando a entender-se como um fragmento de uma realidade em que se deposita o peso da tradição. A tradição funciona como um depósito dos fragmentos da realidade que informa imediatamente toda a sociedade, e como tal, passa a ter um caráter prescritivo que une a autoridade ao sagrado. Daí porque Habermas, ao realizar a análise da obra de Arnold Gehlen, afirma que "o jogo de narrativas míticas e de ações rituais pode mostrar por que esse saber só pode ser transmitido com reservas".[205] O mundo passa a reger-se por uma série de restrições que funcionam como um celeiro de sua vitalidade. A ligação, realizada pela tradição entre a autoridade e o sagrado, tem a função primordial de guardar essa ligação de possíveis problematizações e assim efetuar-se enquanto poder factual.

Mas poder-se-ia perguntar: onde se situa a tensão entre facticidade e validade? Essa tensão, ao contrário de um mundo da vida estruturado comunicativamente, não se realiza a partir de um entendimento que apela para as pretensões de validade de um ato de fala. Como vimos, a integração social realiza-se por meio de um apelo a duas esferas: a esfera mítica, que se solidifica por meio das cerimônias, dos ritos. Esse entrelaçamento permite a formação de uma crosta de convicções que, por seu turno, efetiva-se enquanto poder factual, porque cristalizado através dos ritos. A reprodução material da vida realiza-se de modo ritual, como se fosse uma cerimônia. Isso pode ser observado em sociedades guerreiras ou agrárias; por outro lado, a força do factual aponta para uma instância que dá sentido ao rito.[206]

---

[205] HABERMAS, Jürgen. *Direito e Democracia:* entre facticidade e validade. Tomo I. Rio de Janeiro: Tempo Brasileiro, 1997, p. 42.

[206] HABERMAS, Jürgen. *Direito e Democracia:* entre facticidade e validade. Tomo I. Rio de Janeiro: Tempo Brasileiro, 1997, p. 43: "Durkheim elaborou a ambivalência

CAPÍTULO III - O DIREITO ENTRE FACTICIDADE E VALIDADE

Essa tensão pode ser encontrada em instituições que detêm o poder. Essas, através de seu poder, atraem, mas também repelem. "A ameaça de um poder vingador e a força de convicções aglutinadoras não somente coexistem, como também nascem da mesma fonte mística"[207]. É exatamente por isso que as sanções sociais detêm um caráter ritual. Muito mais do que um poder secular, a sanção surge como uma cerimônia de purificação que tem o escopo de vingar e assim restabelecer a ligação (religião: *re-ligare*) com uma autoridade estabelecida desde sempre. Daí porque as consequências da ação são secundárias; o que interessa é corrigir o ato através de uma cerimônia em que se oferece à divindade uma compensação pelo dano causado, por isso as oferendas.

A autoridade fascinosa só pôde ser desconsiderada quando[208] a integração social pôde guiar-se por uma pretensão de validade que contêm em si uma possibilidade de dissenso. Com isso, a sanção deixa de ser um poder revestido de uma autoridade mística e passa a ser um poder secular. Entretanto, em instituições arcaicas, a validade confunde-se com o fático, pois, com o mito, que se efetiva através do rito, temos a fonte factual das certezas não problematizáveis e, assim, as prescrições de conduta surgem da factualidade.

A tematização dos aspectos de integração social em *sociedades secularizadas (profanizadas)*, dar-se-á por meio de um terceiro passo reconstrutivo que, por sua vez, desaguará na categoria do Direito moderno. Para se chegar, no entanto, a *sociedades secularizadas,* é mister ultrapassar os limites de um *mundo da vida* que obtém seu pano de fundo consensual da tradição e, também, superar uma ordem social que se funda a partir de *instituições arcaicas*, que realizam a integração social por meio do fascínio e do medo. Partindo da constatação de que as sociedades

---

desse modo de validade, tomando como base o *status* de objetos sagrados, os quais imprimem nos que os contemplam um sentimento que é um misto de entusiasmo e medo, e que provocam ao mesmo tempo veneração e pavor".

[207] HABERMAS, Jürgen. *Direito e Democracia:* entre facticidade e validade. Tomo I. Rio de Janeiro: Tempo Brasileiro, 1997, p. 43.

[208] HABERMAS, Jürgen. *Direito e Democracia:* entre facticidade e validade. Tomo I. Rio de Janeiro: Tempo Brasileiro, 1997, p. 43.

modernas rejeitaram essa aglutinante forma de integração, essas sociedades tornaram-se extremamente complexas e plurais. Segundo Habermas[209], com isso, reduziu-se a base de influência de ordem sacra prescritiva para o ordenamento social, ao mesmo tempo em que se rejeita a ordem do fático como imediatamente acessível por meio da tradição. Esse quadro gerará, em sociedades modernas (sociedades secularizadas), uma tendência ao dissenso devido à dificuldade de se canalizar as tomadas de posição entre diferentes alternativas possíveis. Isso porque a integração social, que outrora se orientava através do recurso à tradição, por meio de um mundo da vida que fornecia o quadro de convicções necessárias para solidificar a base de convergência das tomadas de posição, e a uma ordem sacra que, pelo fascínio e pelo medo, regia a sociedade como se essa fosse uma comunidade de culto, perde, no decorrer dos tempos, a possibilidade de manter a integração precisamente porque não consegue responder à pergunta pela base de validade dessa integração. Esse diagnóstico aponta, por sua vez, para o problema típico de sociedades secularizadas: como elaborar, de modo legítimo, uma integração social? A resposta a essa pergunta será formulada por Jürgen Habermas através do conceito agir comunicativo[210], uma vez que, através dele, todo entendimento, toda integração social dar-se-á por meio de uma linguagem intersubjetivamente compartilhada que acopla critérios públicos de racionalidade.

No entanto, a solução desse problema não é tão fácil. Com a recusa da integração por meio da tradição e de instituições arcaicas surge, em mundos da vida plurais e secularizados[211], uma tremenda dificuldade em se coordenar as ações sociais. E nesse contexto o agir comunicativo não é tão evidente assim, pois

> a necessidade crescente de integração, nas modernas sociedades econômicas, sobrecarrega a capacidade de integração do mecanismo de entendimento disponível, quando uma quantidade

---

[209] HABERMAS, Jürgen. *Direito e Democracia:* entre facticidade e validade. Tomo I. Rio de Janeiro: Tempo Brasileiro, 1997, pp. 44/45.

[210] HABERMAS, Jürgen. *Direito e Democracia:* entre facticidade e validade. Tomo I. Rio de Janeiro: Tempo Brasileiro, 1997, p. 45.

[211] HABERMAS, Jürgen. *Direito e Democracia:* entre facticidade e validade. Tomo I. Rio de Janeiro: Tempo Brasileiro, 1997, p. 46.

CAPÍTULO III - O DIREITO ENTRE FACTICIDADE E VALIDADE

crescente de interações estratégicas, imprescindível para a estrutura social, são liberadas. Num caso de conflito, os que agem comunicativamente encontram-se perante a alternativa de suspenderem a comunicação ou de agirem estrategicamente – de protelarem ou de tentarem decidir um conflito não solucionado. Parece haver uma saída através da *regulamentação normativa de interações estratégicas*, sobre as quais os próprios se *entendem*.[212]

O que chama a atenção nesse momento é a separação entre facticidade e validade na perspectiva daqueles que agem, vindo a formar, por conseguinte, duas dimensões que se excluem mutuamente, a saber, a dimensão que se guia pela busca instrumental de sucesso em suas ações, e a dimensão do entendimento comunicativamente alcançado. Essa exclusão se dá quando os que agem estrategicamente julgam a realidade a partir de sua pretensão ao sucesso, ao passo que os que agem comunicativamente pautam-se pelas pretensões de validade intersubjetivamente reconhecidas como tais. Consequentemente, na medida em que se obtém a possibilidade de uma ação por intermédio da busca do sucesso ou de um entendimento comunicativamente alcançado surgem, aos olhos de Habermas, duas condições contraditórias[213] que não podem ser satisfeitas pelos atores[214]: é que as interações sociais, obtidas por meio de uma base estratégica, fazem nascer uma regulamentação obrigatória que representa uma limitação factual no nível da ação de modo a obrigar o

---

[212] HABERMAS, Jürgen. *Direito e Democracia:* entre facticidade e validade. Tomo I. Rio de Janeiro: Tempo Brasileiro, 1997, p. 46.

[213] O professor Cirne-Lima realiza com bastante clareza, através do recurso ao 'Quadrado Lógico', a distinção entre contrários e contraditórios: CIRNE-LIMA, Carlos. *Dialética para principiantes*. Porto Alegre: EDIPUCRS, 1996, pp. 93-151. Sobre os contraditórios ele diz, p. 102: "Se um dos contraditórios é verdadeiro, então o outro é falso. E vice-versa, se um é falso, o outro é verdadeiro. (...) Da verdade de um contraditório infere-se a falsidade do outro, e vice-versa". E sobre os contrários, p. 103: "Se um contrário é verdadeiro, o outro é sempre falso. Isto é, se a gente sabe que um dos contrários é verdadeiro e parte daí, então pode-se inferir a falsidade do outro contrário. Mas isso não funciona ao inverso: se a gente sabe que um dos contrários é falso, não dá para concluir nada sobre o contrário oposto".

[214] HABERMAS, Jürgen. *Direito e Democracia:* entre facticidade e validade. Tomo I. Rio de Janeiro: Tempo Brasileiro, 1997, p. 47.

agente a pautar sua ação por um enfoque objetivo. Ou seja, aquele que age estrategicamente, para obter sucesso com sua ação, passa a coordenar sua ação factualmente de modo a ter uma redução nas possibilidades de escolha; essas ações, por outro lado, precisam remeter-se para uma instância social integradora, pois o limite do fático impõe obrigações aos que procuram sucesso em suas ações. Aqui está o nó da questão: mesmo aquele que age estrategicamente precisa situar sua ação em um contexto de validade, isto é, a ação estratégica recebe limites da factualidade que apontam para uma dimensão intersubjetiva para obter a força do fático, caso contrário, essa ação não teria eficácia. Ora, para ser eficaz, a ação estratégica tem que pressupor uma comunidade de seguidores. Essa é a questão: no momento em que a ação estratégica aponta para a normatividade do fático ela traz, em seu bojo, um apelo para as pretensões de validade reconhecidas intersubjetivamente[215], e como tais possuem uma dimensão normativa de uma transcendentalidade fraca, o que aponta para o binômio liberdade subjetiva de ação e sanção do Direito objetivo, que forma a raiz do Direito moderno. Concluídos os três passos reconstrutivos, dediquemo-nos ao exame das dimensões de validade jurídica.

3.4. DIMENSÕES DA VALIDADE DO DIREITO

As regras do Direito Privado, fundadas a partir do direito à propriedade e na liberdade contratual, têm, desde o advento da modernidade,

---

[215] HABERMAS, Jürgen. *Passado como Futuro*. Rio de Janeiro: Tempo Brasileiro, 1993, p. 106: "a grande realização domesticadora do direito moderno consiste precisamente em determinar consensualmente esferas do agir estratégico (tais como as da aquisição da propriedade privada e do poder político), ou seja, presumindo o assentimento de todos os cidadãos. Isso vale tanto para a instauração da circulação do mercado comandado pelo direito privado, como para a regulamentação pelo direito público da concorrência entre os partidos ou poder político. Ora, as normas do direito só podem obrigar duradouramente quando os procedimentos que comandaram o seu surgimento forem reconhecidos como legítimos. Nesse momento de reconhecimento faz-se valer um agir comunicativo que, por assim dizer, aparece no outro lado do sistema de direito, no lado da formação democrática da vontade e da legislação política enquanto tal. Enquanto que os sujeitos do direito privado podem perseguir os seus próprios interesses particulares, os cidadãos devem orientar-se pelo bem comum e entender-se sobre os seus interesses comuns".

CAPÍTULO III - O DIREITO ENTRE FACTICIDADE E VALIDADE

servido como paradigma para o Direito. Segundo Habermas[216], Kant formulara sua teoria do Direito tendo em vista a compreensão de que os direitos subjetivos da pessoa natural valem frente aos demais cidadãos. Com o processo de positivação do Direito, essa capacidade subjetiva, naturalmente agregada aos seres humanos, passa a valer também frente à intervenção estatal. Assim, temos a passagem do Direito Natural[217] para o Direito Positivo, ficando, contudo, assegurado o caráter subjetivista do Direito. Examinaremos, nesse ponto, como se constituem as dimensões de validade do Direito. Essas dimensões serão analisadas em quatro perspectivas, a saber: legalidade e processo de normatização do Direito; o processo legislativo como espaço de integração social; o Direito como *medium* da tensão entre facticidade e validade e, finalmente, a pretensão de efetivação do Direito através da positividade e da aceitabilidade racional.

3.4.1 Legalidade e processo de normatização do Direito

O Direito em Kant, interpreta Habermas[218], apresenta-se como uma relação interna entre coerção e liberdade. Precisamente isso é o que

---

[216] HABERMAS, Jürgen. *Direito e Democracia:* entre facticidade e validade. Tomo I. Rio de Janeiro: Tempo Brasileiro, 1997, p. 48.

[217] LAFER, Celso. *A Reconstrução dos Direitos Humanos:* um diálogo com o pensamento de Hannah Arendt. São Paulo: Companhia das Letras, 1998, pp. 35/36: "É certo que o termo Direito Natural abrange uma elaboração doutrinária sobre o Direito que, no decorrer de sua vigência multissecular, apresentou – e apresenta – vertentes de reflexões muito variadas e diferenciadas, que não permitem atribuir-lhe univocidade. Existem, no entanto, algumas notas que permitem identificar, no termo Direito Natural, um paradigma de pensamento. Entre essas notas (...) podem ser destacadas: (a) a ideia de imutabilidade – que presume princípios que, por uma razão ou outra, escapam à história e, por isso, podem ser vistos como atemporais; (b) a ideia de universalidade destes princípios metatemporais, '*diffusa in omnes*', nas palavras de Cícero; (c) e aos quais os homens têm acesso através da *razão*, da *intuição* ou da *revelação*. Por isso, os princípios do Direito Natural são *dados*, e não postos por convenção. Daí, (d) a ideia de que a função primordial do Direito não é comandar, mas sim qualificar como boa e justa ou má e injusta uma conduta [...] na elaboração doutrinária do Direito Natural é possível distinguir dois planos: o ontológico e o deontológico. No primeiro, identifica-se o Direito ao Direito Natural. No segundo, o Direito Natural aparece como um sistema universal e imutável de valores".

[218] HABERMAS, Jürgen. *Direito e Democracia:* entre facticidade e validade. Tomo I. Rio de Janeiro: Tempo Brasileiro, 1997, pp. 48/49.

caracteriza a tensão entre facticidade e validade que se estabiliza na juridicidade. O Direito é entendido como aquela categoria que apela para a coerção, que é um monopólio estatal, toda vez que alguém, pelo uso abusivo de sua liberdade, causar empecilhos à liberdade de outrem. Segundo Habermas, da relação interna entre coação e liberdade surge uma pretensão[219] à validade do ordenamento jurídico e, nesse sentido, o Direito é aquela instituição que, sob os auspícios da coerção, garante a liberdade, que é entendida como a soma das liberdades individuais.

O emprego do conceito 'legalidade' permite a Kant, segundo o entendimento habermasiano, superar o paradoxo existente entre as leis da coerção e as da liberdade, uma vez que as normas jurídicas possuem duas faces: elas podem ser seguidas tão-somente por respeito a elas mesmas e, nesse sentido, seu reconhecimento se dá por uma ação heterônoma, isto é, por respeito, *stricto sensu,* à legalidade. Ou ainda, elas podem ser seguidas pelo simples respeito à lei, ou seja, por uma ação autônoma que respeita a lei não por ela mesma, mas por dever.

Esse duplo aspecto da validade do Direito, a saber o da coerção e o da liberdade, expresso pelo conceito kantiano de legalidade, Habermas explicita-lo-á com propriedade através da teoria da ação.[220] Isso porque com a coerção e a liberdade aquele que age passa a ter as rédeas da ação. Mas, como se determina essa validade do Direito? A validade do Direito Positivo é determinada pela sua adequação a procedimentos juridicamente válidos e que, por isso, são reconhecidos como Direito e suas normas passam a ter um caráter vinculante. Ora, para Habermas, a validade do Direito nos remete a um duplo aspecto: o primeiro é o aspecto da validade social ou fática e o segundo é o aspecto compreendido por sua legitimidade. A validade fática das normas jurídicas mede-se pela referência à sua eficácia, isto é, pela adesão fática às suas prescrições. Com as garantias que o Direito possui, através da possibilidade de sanção fornecida pelo aparato policial, obtido com o monopólio da força pelo

---

[219] HABERMAS, Jürgen. *Direito e Democracia:* entre facticidade e validade. Tomo I. Rio de Janeiro: Tempo Brasileiro, 1997, p. 49.

[220] HABERMAS, Jürgen. *Direito e Democracia:* entre facticidade e validade. Tomo I. Rio de Janeiro: Tempo Brasileiro, 1997, p. 50.

CAPÍTULO III - O DIREITO ENTRE FACTICIDADE E VALIDADE

Estado, cria-se, para falarmos com Habermas, uma facticidade artificial que é sustentada pela juridicidade através da faculdade jurisdicional. Essa facticidade artificial vem substituir as formas arcaicas de sociabilidade que eram oriundas da força dos costumes. Agora é a força aglutinante, advinda do aparato judicial, que garante o cimento da coesão social. Por outro lado, o caráter de legitimidade das normas jurídicas se mede através da racionalidade do processo legislativo ou ainda porque a medida de sua justificação dá-se em um patamar de cunho ético ou moral.[221] A legitimidade, isto é, a validade jurídica depreende-se da "resgatabilidade discursiva de sua pretensão de validade normativa".[222] Nesse sentido, a legitimidade de uma norma jurídica independe de sua eficácia, ou seja, a validade do ordenamento jurídico não se prende a um consenso factual arraigado através da força dos costumes e dos hábitos seculares. Ao contrário, no entendimento habermasiano, é a suposição de legitimidade do ordenamento jurídico que garante tanto a validade social quanto a obediência fática aos seus preceitos. Isto porque o ordenamento jurídico carrega uma pretensão à legitimidade, ou seja, carrega uma marca de fundamentação racional oriunda da resgatabilidade racional de suas pretensões de validade. Quando o Direito Positivo não se assenta sobre bases legítimas fica a mercê do puro arbítrio.[223]

Esse momento constitutivo da validade do Direito acima descrito, a saber, sua validade fática e sua legitimidade, cria, para o membro da comunidade jurídica, um duplo enfoque em relação à norma jurídica:

---

[221] HABERMAS, Jürgen. *Passado como Futuro*. Rio de Janeiro: Tempo Brasileiro, 1993, p. 99: "nas questões 'éticas' nós procuramos obter clareza sobre quem nós somos e quem nós gostaríamos de ser, e que nas questões 'morais' nós gostaríamos de saber o que é igualmente bom para todos". Cf. ainda a nota de rodapé n. 5, do primeiro capítulo, introduzida pelo tradutor brasileiro, Flávio Beno Siebeneichler, à *Direito e Democracia: entre facticidade e validade*, p. 23: "Para Habermas, a ética se refere ao bem do indivíduo ou da comunidade, ao passo que a moral tem a ver com a justiça".

[222] HABERMAS, Jürgen. *Direito e Democracia: entre facticidade e validade*. Tomo I. Rio de Janeiro: Tempo Brasileiro, 1997, p. 50.

[223] HABERMAS, Jürgen. *Direito e Democracia: entre facticidade e validade*. Tomo I. Rio de Janeiro: Tempo Brasileiro, 1997, pp. 50/51: "a intimidação, o poder das circunstâncias, os usos e o mero costume, precisam estabilizar uma ordem jurídica substitutiva, e isto se torna tanto mais imperioso, quanto mais fraca for sua legitimidade".

um enfoque objetivador e outro performativo.[224] Esse é o correspondente habermasiano para o duplo aspecto de validade do conceito kantiano de legalidade consubstanciado através da coerção e da liberdade. O membro de uma comunidade jurídica que deseja pautar suas ações por um enfoque objetivador busca, com seus atos, obter sucesso. Nesse caso, a norma jurídica vem a ser um obstáculo fático para a obtenção de seu sucesso ou êxito, uma vez que a consequente sanção advinda de sua transgressão faz com que à ação ilícita se siga um consequência jurídica. Por outro lado, na pretensão de um membro que se guia pela busca de um entendimento comunicativamente gestado, a norma passa a ter um sentido deontológico para a ação. Segue-se que, para quem age estrategicamente, a norma jurídica vem a ser um limite para seu arbítrio, ao passo que para aquele que age comunicativamente, a norma jurídica vem a ser uma espécie de guardiã objetiva de sua liberdade. Assim, em outras palavras:

> o ator poderá atribuir a uma prescrição juridicamente válida o *status* de um fato com consequências prognosticáveis ou a obrigatoriedade deontológica de uma expectativa de comportamento. O curioso é que a validade jurídica de uma norma significa apenas que está garantida, de um lado, a legalidade do comportamento em geral, no sentido de uma obediência à norma, a qual pode, em certas circunstâncias, ser imposta por meio de sanções e, de outro lado, a legitimidade da própria regra, que torna possível em qualquer momento uma obediência à norma por respeito à lei.[225]

Vislumbra-se, nos direitos subjetivos de cunho solipsista, no entendimento de Habermas, a dupla coerção/liberdade e com ela toda a dança constituída através do enfoque objetivador e do enfoque performativo. Assim, o Direito estrutura-se como um ordenamento que

---

[224] HABERMAS, Jürgen. *Direito e Democracia:* entre facticidade e validade. Tomo I. Rio de Janeiro: Tempo Brasileiro, 1997, p. 51.

[225] HABERMAS, Jürgen. *Direito e Democracia:* entre facticidade e validade. Tomo I. Rio de Janeiro: Tempo Brasileiro, 1997, p. 52.

CAPÍTULO III - O DIREITO ENTRE FACTICIDADE E VALIDADE

ao mesmo tempo que supõe que suas normas são seguidas pelo receio anunciado de sua transgressão, estrutura-se, também, pelo reconhecimento racional de suas prescrições, o que indica que se segue o Direito por respeito à lei, isto é, por dever. Essa dança implica uma consequência pós-metafísica para o Direito, ou seja, a exigência racional de legitimação.

3.4.2 O processo legislativo como espaço de integração social

O Direito não pode contentar-se tão-somente com a configuração da liberdade subjetiva em termos negativos, ou seja, não pode efetivar-se unicamente a partir de demarcações no espaço específico para a configuração histórica das liberdades individuais, uma vez que o corpo político se constitui de pessoas que se reconhecem mutuamente enquanto portadoras de direitos recíprocos. Nesse contexto, o sujeito de direito se constitui enquanto paradigma para o corpo político, uma vez que a sociedade reconhece, em cada um de seus membros, a capacidade pessoal e inalienável de ter direitos e obrigações. No entanto, esse reconhecimento recíproco de direitos por todos os cidadãos se funda em leis legítimas que asseguram e são portadoras dessas capacidades subjetivas. Essas leis têm que garantir o acesso de todos aos mesmos níveis de liberdade de modo que se garanta uma igual medida de liberdade para cada cidadão. Ora, essa função já é preenchida pela moral, cabendo ao legislador estabelecer normas do Direito Positivo que preencham essa função, uma vez que "no sistema jurídico, o processo da legislação constitui, pois, o lugar propriamente dito da integração social".[226]

Por exercer uma função de integração social é que supomos que, com o processo legislativo, as pessoas abandonam a figura de um sujeito de direito solipsista para se constituírem como membros de uma comunidade jurídico-política livremente associada. Nessa comunidade jurídica, há dois modos de se chegar a um consenso sobre quais são os princípios normativos que regularão a convivência: o primeiro é através

---

[226] HABERMAS, Jürgen. *Direito e Democracia:* entre facticidade e validade. Tomo I. Rio de Janeiro: Tempo Brasileiro, 1997, p. 52.

LUIZ MOREIRA

do acesso aos costumes; o segundo é através de um entendimento sobre que princípios devem ser reconhecidos como tais. Ora, com a coerção fática e a validade da legitimidade temos, agora, a possibilidade de superação dos direitos subjetivos por um pertinente processo legislativo em que se adota, no caso dos sujeitos de direito, uma participação que tem no entendimento seu lado mais forte.

Para que o processo legislativo seja legítimo é necessário que lhe seja constitutivo tanto os direitos de comunicação quanto os direitos de participação política[227], de modo que os sujeitos de direito assumam a perspectiva de membros que se orientam pela busca de um entendimento intersubjetivamente alcançado. Assim, para Habermas:

> o conceito do direito moderno – que intensifica e, ao mesmo tempo, operacionaliza a tensão entre facticidade e validade na área do comportamento – absorve o *pensamento democrático*, desenvolvido por Kant e Rousseau, segundo o qual a pretensão de legitimidade de uma ordem jurídica construída com direitos subjetivos só pode ser resgatada através da força socialmente integradora da 'vontade unida e coincidente de todos' os cidadãos livres e iguais.[228]

Contudo, esses direitos de comunicação e de participação política remetem necessariamente para a ideia de autonomia dos cidadãos. Com isso temos a suposição de que a coerção fática, que as normas jurídicas exercem, deve comprovar sua validade a partir de um processo legislativo em que, pela correição procedimental, constitui-se enquanto norma que efetiva a liberdade. Com isso temos, mais uma vez, realizada a tensão entre facticidade e validade, visto que as ações jurídicas são descritas a partir da esfera da conformidade às normas jurídicas em vigência, seja por um receio de sanção embutido na norma jurídica, quando se dá o seu não cumprimento, seja, também, em cumprimento a uma norma que se supõe válida porque fruto de um processo legislativo. Por

---

[227] HABERMAS, Jürgen. *Direito e Democracia:* entre facticidade e validade. Tomo I. Rio de Janeiro: Tempo Brasileiro, 1997, p. 53.

[228] HABERMAS, Jürgen. *Direito e Democracia:* entre facticidade e validade. Tomo I. Rio de Janeiro: Tempo Brasileiro, 1997, p. 53.

CAPÍTULO III - O DIREITO ENTRE FACTICIDADE E VALIDADE

conseguinte, o processo de positivação do direito vem acompanhado de uma correição processual que, no entender de Habermas[229], legitima uma pertinente suposição de racionalidade e validade do ordenamento jurídico. Isto é, com o processo legislativo, cercado por cuidados e prescrições em seus procedimentos, temos um fundamento legítimo que aponta para uma base de validade do Direito estatuído. Isto porque com a positivação do Direito não temos a emanação de um poder arbitrário ou autoritário, ao invés, trata-se da manifestação de uma vontade legítima que é portadora de um poder que, em última instância, emana do povo. Daí porque trata-se de "uma vontade legítima, que resulta de uma autolegislação presumivelmente racional de cidadãos politicamente autônomos".[230]

No entanto, com as exigências pós-metafísicas que exorcizaram as bases sacro-religiosas que, durante séculos, ofereceram uma base factual ao Direito e com a crescente fragilidade de ordenamentos jurídicos que são incapazes de legitimar racionalmente suas pretensões de validade, o Direito só poderá conservar sua função de integração social se, e somente se, puder eliminar as fronteiras que colocam os sujeitos de direito como meros espectadores da jornada jurídico-política. Somente quando pudermos ter no Direito a compreensão de que suas normas contêm uma manifestação racional e livre de nossas vontades, ele transformar-se-á em fonte primária de integração social. Contudo, por preservar momentos de uma tensão interna entre facticidade e validade é que é possível ao Direito moderno assumir o fardo da integração social.

3.4.3 O Direito como *medium* da tensão entre facticidade e validade: positividade e aceitabilidade racional

Há um nexo interno entre o momento de idealidade de uma proposição e a comprovação dessa validade para uma comunidade de

---

[229] HABERMAS, Jürgen. *Direito e Democracia:* entre facticidade e validade. Tomo I. Rio de Janeiro: Tempo Brasileiro, 1997, p. 54.

[230] HABERMAS, Jürgen. *Direito e Democracia:* entre facticidade e validade. Tomo I. Rio de Janeiro: Tempo Brasileiro, 1997, p. 54.

comunicação idealmente alargada. Nisso consiste a necessidade de que a validade seja comprovada frente às objeções factuais que porventura levantem-se contra ela. Ou seja, é preciso ter em mente que há uma distinção entre a validade de um proferimento e a pretensão à sua veracidade, uma vez que o conceito de validade precisa estar em condições de obter um resgate discursivo de suas pretensões.[231]

Com a possibilidade de um resgate discursivo das pretensões de validade, introduz-se a categoria de uma linguagem que se pauta pelo entendimento que passa a coordenar as ações entre os atores. Como a coordenação da ação se dá através de uma ação linguisticamente mediada, o conceito de agir comunicativo possibilita que a permanente tensão entre facticidade e validade se instaure no mundo da vida e seja inerente aos fatos sociais. Pretende-se com isso demonstrar que a tensão imanente aos atos de fala perpassa a prática comunicativa ordinária e com isso a reprodução simbólica da vida. Em síntese, a tensão proporcionada pelas pretensões de validade inerentes ao agir comunicativo se constitui como um momento da facticidade social. Qual é o projeto de Habermas? Sua intenção? Eliminar qualquer esfera metafísica que se possa constituir como imediatamente informativa para o conceito de idealidade. Sendo a idealidade acoplada a uma facticidade que, em um primeiro momento, pertence à esfera da linguagem, essa tensão instaura-se, com o auxílio do agir comunicativo, no seio da sociedade. Nisso consiste a recusa habermasiana de uma esfera de fundamentação última. Como o conceito de idealidade permanece acoplado ao de facticidade, essa tensão pertence à esfera secular do mundo da vida, mesmo que não fique restrita simplesmente a sua factualidade. É na comprovação factual de suas pretensões que a idealidade recusa uma suposta base metafísica e, acoplando-se ao uso da linguagem orientada pelo entendimento, chega a um agir comunicativo que guarda, em suas entranhas, a necessidade de que suas pretensões de validade estejam ligadas a um contexto histórico. Assim, essa tensão afasta-se de uma base metafísica ou mesmo prática de uma razão que funcionava como um fundamento último, pois para ele:

---

[231] HABERMAS, Jürgen. *Direito e Democracia:* entre facticidade e validade. Tomo I. Rio de Janeiro: Tempo Brasileiro, 1997, p. 56.

CAPÍTULO III - O DIREITO ENTRE FACTICIDADE E VALIDADE

> A tensão ideal que irrompe na realidade social remonta ao fato de que a aceitação de pretensões de validade, que cria fatos sociais e os perpetua, repousa sobre a aceitabilidade de razões dependentes de um contexto, que estão sempre expostas ao risco de serem desvalorizadas através de argumentos melhores e processos de aprendizagem que transformam o contexto. Tais qualidades estruturais da socialização comunicativa explicam por que o mundo da vida – pré-estruturado simbolicamente e mediado através de interpretações e convicções – e o tecido social em seu todo são perpassados por suposições de validade falíveis.[232]

No entanto, esse recurso à falibilidade não implica a renúncia a uma esfera de idealidade. Implica que a pretensão à idealidade contida na validade aponta, tão-somente, para uma tensão permanente entre o contexto histórico de nossos mundos da vida e a pergunta pela validade que transcende esse contexto, na medida em que indica a transcendência da idealidade de um consenso obtido sob os auspícios do melhor argumento. Assim, Habermas não cai em um relativismo e nem tão pouco em um ceticismo. Mas, ele rejeita uma instância da qual se possa retirar preceitos normativos, no sentido da tradição da razão prática. Esses preceitos são normativamente fracos, pois essa esfera normativa se pauta, unicamente, pela normatividade do melhor argumento. Como não é imediatamente prática, sua normatividade resulta de seus preceitos argumentativos, vindo a ser uma dimensão mediatamente normativa. Assim, com isso, ele quer demonstrar que, no agir comunicativo, estão presentes uma universalidade que se situa nas pretensões de validade e uma factualidade que diz respeito a uma vivência situada historicamente.

Entrementes, enquanto a coordenação das ações pertencer a uma esfera processual de entendimento, o *medium* de integração social cabe aos horizontes de sentido compartilhados intersubjetivamente. Daí porque os argumentos podem tanto fortalecer essas convicções como colocá-las em cheque, pois na relação discursiva há uma interação que exige que sejam expostas as razões que validam essas convicções. No

---

[232] HABERMAS, Jürgen. *Direito e Democracia:* entre facticidade e validade. Tomo I. Rio de Janeiro: Tempo Brasileiro, 1997, p. 57.

momento em que se problematiza uma convicção, suspende-se sua aceitação não refletida e pergunta-se pela sua racionalidade. Com essa interação se resgatam as pretensões de validade, pois "os argumentos devem sua força racionalmente motivadora uma relação interna com a dimensão do significado e da validade de expressões linguísticas".[233]

Com a introdução do conceito 'validade falível', Habermas quer explicar porque não se chega de modo definitivo à estabilização de comportamentos. Mas, por outro lado, como se trata de uma validade, temos o afastamento de um dissenso generalizado, ou seja, por tratar-se de uma validade precária, afasta-se o risco de uma socialização totalizante que implica em perda de identidade; porém, a universalidade da idealidade assenta-se em uma racionalidade processual que aponta para uma transcendência a partir de dentro que supera os limites factuais históricos.

Mesmo assim, um problema persiste: como se chega, em sociedades modernas, à integração social? O agir comunicativo, como querem alguns, é cego para a realidade das instituições? Como se estabiliza, em uma teoria da sociedade que leva a sério o risco de dissenso, a tensão entre facticidade e validade? A saída apontada é: através da positivação do Direito moderno:

> Ora, a positivação completa do direito, antes apoiado no sagrado e entrelaçado com a eticidade convencional, vai apresentar-se como uma saída plausível do paradoxo e como um mecanismo, com auxílio do qual uma comunicação não-circunscrita pode aliviar-se das realizações de integração social sem se desmentir: através dele inventa-se um sistema de regras que une, e, ao mesmo tempo, diferencia ambas as estratégias, a da circunscrição e a liberação do risco do dissenso embutido no agir comunicativo, no sentido de uma divisão de trabalho.[234]

---

[233] HABERMAS, Jürgen. *Direito e Democracia:* entre facticidade e validade. Tomo I. Rio de Janeiro: Tempo Brasileiro, 1997, p. 57.

[234] HABERMAS, Jürgen. *Direito e Democracia:* entre facticidade e validade. Tomo I. Rio de Janeiro: Tempo Brasileiro, 1997, p. 59.

CAPÍTULO III - O DIREITO ENTRE FACTICIDADE E VALIDADE

No agir comunicativo, temos duas estratégias para fugir ao dissenso: a primeira é chamada por Habermas de *circunscrição* e a segunda de *não-circunscrição*. Um agir comunicativo está *circunscrito* quando está permeado por certezas advindas do mundo da vida de tal modo que se fazem inquestionáveis e, como tais, não estabilizam o comportamento. Por agir comunicativo *não-circunscrito*[235], entende Habermas aquele em que estão liberados os mecanismos comunicativos que propiciam um entendimento racional.

Ora, mas em que medida o Direito se transforma em *medium* de integração social? Em sociedades em que a autoridade sagrada é fonte imediata da integração, a tensão entre facticidade e validade é suprimida em proveito de uma realidade social que passa a se pautar pela factualidade transmitida através da tradição. Com isso, há a consequente eliminação dessa tensão. O factual é a fonte da interação. Com o fenômeno da positivação do Direito, o monopólio estatal da sanção passa a funcionar como eliminação do risco de dissenso, na medida em que assume a coordenação da ação. Com isso, há uma mudança no conceito de validade, pois na validade jurídica "a aceitação da ordem jurídica é distinta da aceitabilidade dos argumentos sobre os quais ela apoia a sua pretensão de legitimidade".[236] O outro modo de o Direito tornar-se *medium* de integração é no momento em que se assume, pelo fenômeno da positividade e de sua pretensão a uma validade legítima, o exame crítico de normas e princípios. Esse exame se deve ao fato de se pressupor que todo o poder emana do povo, fórmula constitucional consagrada pela tradição constitucional do Ocidente. Isso porque os membros de uma comunidade jurídica devem pressupor que a formação da vontade legislativa deve ser representativa de suas opiniões e vontades, sendo, nesse sentido, uma instância que institucionaliza e consagra a liberdade tornando-se, por isso, legítima.

Como um *Atlas*, o Direito põe para si a tarefa de realizar o fardo da integração social sem, no entanto, restringir o espaço para a prática

---

[235] HABERMAS, Jürgen. *Direito e Democracia:* entre facticidade e validade. Tomo I. Rio de Janeiro: Tempo Brasileiro, 1997, p. 58.

[236] HABERMAS, Jürgen. *Direito e Democracia:* entre facticidade e validade. Tomo I. Rio de Janeiro: Tempo Brasileiro, 1997, p. 59.

comunicativa. Isso justamente é o que possibilita o acoplamento de duas exigências do moderno sistema de Direito: a positividade e a pretensão à legitimidade racional. O nexo entre positividade e legitimidade possibilita ao Direito moderno desempenhar satisfatoriamente seu poder de integração. Mas, por que isso acontece? Na positividade temos duas categorias que merecem destaque: a primeira é que o ordenamento jurídico cria um arcabouço de integração, artificialmente gestado, que detém uma validade hipotética, uma vez que seus elementos podem vir a ser derrogados. Essa normatividade hipotética surge com a introdução, em seu bojo, do elemento vigência. A vigência é um elemento temporal que marca o lapso específico pelo qual uma norma surte efeito. Quer dizer, a norma jurídica passa a ter uma temporalidade que lhe é intrínseca. Com isso, a estrutura mesma da norma jurídica passa a ser modificável em princípio. Essa modificabilidade, no entanto, quer dizer apenas que, com a pressuposição de legitimidade, as normas jurídicas podem vir a ser derrogadas quando passarem a não representar a vontade legítima do povo. Não quer dizer que a juridicidade perdeu o efeito. Ela estabelece que, até uma determinação em contrário, uma norma jurídica só pode ser revogada por uma determinação formal da vontade estatal, legislativa ou judicial. Via de regra, a norma é revogada porque perdeu eficácia. Sendo assim, sua vigência é um problema meramente artificial que, com o decorrer do tempo, sofre a intervenção do Estado, via ação legislativa, que a substitui por uma norma que lhe supre as carências ou, simplesmente, altere-a completamente. Mas, essa força legislativa de livre criação e modificabilidade não implica em arbítrio estatal. Ao contrário, a normatividade jurídica não é uma caixa de *Pandora*. Não se trata de uma vontade arbitrária que tudo transforma em lei. A força do ordenamento jurídico emana da sua expressão de legitimidade, "todo poder emana do povo e em seu nome será exercido"[237], diz o texto constitucional em conformidade com a tradição jurídica. É essa suposição de legitimidade que transforma o ordenamento jurídico em algo aceitável racionalmente para desempenhar a função de integração. Essa relação entre positividade e legitimidade assume uma forma de tensão pelo fato de o Direito reunir

---

[237] Trata-se do art. 1º, parágrafo único, da Constituição Federal de 1988.

CAPÍTULO III - O DIREITO ENTRE FACTICIDADE E VALIDADE

em si elementos sancionadores e elementos provenientes de uma autolegislação. Dito em outros termos, a tensão entre facticidade e validade, no Direito moderno, retorna pela circunstância de que com a sanção se restringe o nível de dissenso, mas esse dissenso é superado no momento em que se introduz, em seu bojo, a ideia de que as normas jurídicas são emanações do povo. Em outras palavras:

> Nessa ligação reflete-se o entrelaçamento estrutural entre aceitação, que fundamenta os fatos, e a aceitabilidade exigida por pretensões de validade, que já estava introduzida no agir comunicativo e na ordem social mais ou menos natural, na forma de tensão entre facticidade e validade. Essa tensão ideal retorna intensificada no nível do direito, mais precisamente na relação entre a coerção do direito, que garante um nível médio de aceitação da regra, e a ideia de autolegislação – ou da suposição da autonomia política dos cidadãos associados – que resgata a pretensão de legitimidade das próprias regras, ou seja, aquilo que as torna racionalmente aceitáveis.[238]

Essa dança entre facticidade e validade, no solo da teoria do Direito, implica que dispomos de uma organização político-estatal que possibilita ao ordenamento jurídico legitimar-se. E o Estado de Direito é essa organização que, sendo portadora do poder político, emana um corpo jurídico legítimo. Segundo Habermas, no Estado de Direito, surge uma espiral[239] que põe em funcionamento a ideia de autonomia política contra um arbitrariedade de um poder não domesticado pelo jurídico. E esse Estado representaria uma evolução na luta contra a subjugação do poder autoritativo em termos do ordenamento jurídico que funde sanção e liberdade pela ameaça de sua colonização por um aparato ilegítimo. Essa relação vem a ser uma relação de tensão entre a concretude de uma dada situação histórica e a universalidade de uma conduta legislativa que se pretende normativa.

---

[238] HABERMAS, Jürgen. *Direito e Democracia:* entre facticidade e validade. Tomo I. Rio de Janeiro: Tempo Brasileiro, 1997, pp. 60/61.

[239] HABERMAS, Jürgen. *Direito e Democracia:* entre facticidade e validade. Tomo I. Rio de Janeiro: Tempo Brasileiro, 1997, p. 61.

No entanto, a função de integração social exercida pelo Direito abre-se, como vimos, para as instâncias do mercado e do poder burocrático. Assim, temos a abertura do Direito a três fontes de integração[240] que podem ser descritas do seguinte modo: com a ideia de autolegislação, o Direito incorpora um cabedal de liberdades comunicativas que lhe propiciará uma fonte de solidariedade social. Dito de outro modo, com a abertura para o agir comunicativo o Direito incorpora, em suas estruturas, uma ideia de liberdade que lhe vai exorcizar da acusação de ser um invólucro artificial, vindo, assim, a constituir-se enquanto instituição que efetiva a liberdade. Por outro lado, tanto o mercado quanto o poder burocrático utilizam o recurso da positividade para transformar o ilegítimo em norma jurídica. Transforma-se o poder meramente factual, arbitrário, em norma a fim de obter, por parte dos membros da comunidade jurídica, adesão aos seus interesses. Como procedimento que pressupõe uma validade falível, o Direito moderno encontra-se, permanentemente, à procura de exorcizar-se da colonização exercida pelo sistema, pois procura assentar-se, através da ideia de autolegislação, em fontes que realizam a liberdade. Isto é,

> É verdade que um direito, ao qual as sociedades modernas atribuem o peso principal da integração social, é alvo da pressão *profana* dos imperativos funcionais da reprodução social; ao mesmo tempo, porém, ele se encontra sob uma certa coerção *idealista* de legitimá-los. As realizações sistêmicas da economia e do aparelho do Estado, que se realizam através do dinheiro e do poder administrativo, também devem permanecer ligadas, segundo a autocompreensão constitucional da comunidade jurídica, ao processo integrador da prática social de autodeterminação dos cidadãos.[241]

Portanto, no seio de uma tensão permanente entre o factual e o válido, entre o paroquial e o universal, a constituição de uma comunidade

---

[240] HABERMAS, Jürgen. *Direito e Democracia:* entre facticidade e validade. Tomo I. Rio de Janeiro: Tempo Brasileiro, 1997, pp. 61/62.

[241] HABERMAS, Jürgen. *Direito e Democracia:* entre facticidade e validade. Tomo I. Rio de Janeiro: Tempo Brasileiro, 1997, pp. 62/63.

CAPÍTULO III - O DIREITO ENTRE FACTICIDADE E VALIDADE

jurídica autônoma requer o abandono, em tempos pós-metafísicos, de uma razão prática marcada pela filosofia do sujeito. Requer que se aponte para uma comunidade que tem, no entendimento, sua realização. Isso é o que faz Habermas elaborar uma Filosofia do Direito que, pelo agir comunicativo, proporcionará uma guinada sobre a concepção tradicional (e a sua própria) no que diz respeito à constituição da relação entre Direito e Moral. Essa guinada lhe possibilitará uma revisão geral dos fundamentos do Direito e das bases que constituem o moderno Estado de Direito.

Capítulo IV
FUNDAMENTAÇÃO DO DIREITO

Algumas afirmações contidas em *Direito e Democracia: entre facticidade e validade* nos são particularmente importantes. Importantes porque apontam para uma redefinição do que venha a ser a nova posição de Habermas sobre a ética do discurso. Aliás, não é muito correto falar de uma ética do discurso em Habermas, mas de uma teoria do discurso. Antes de nos determos nas discussões acerca da fundamentação do Direito é mister que esclareçamos algumas nuanças.

Três são as perspectivas que orientam o projeto de uma teoria discursiva do Direito: em primeiro, há um rompimento com a razão prática na medida em que a razão comunicativa[242] não se coloca como informativa para a ação. Não há o recurso a uma esfera normativa[243], nem mesmo à normatividade fornecida pelo imperativo categórico de Kant para orientar nossa ação. Sendo assim, a formulação dessa Filosofia do Direito não pode ser enquadrada como tipicamente kantiana. Em

---

[242] Ora, segundo Habermas, no momento em que se realiza a *linguistic turn* a figura de uma razão prática implode. Daí porque a razão prática é substituída pela razão comunicativa.

[243] HABERMAS, Jürgen. *Direito e Democracia:* entre facticidade e validade. Tomo I. Rio de Janeiro: Tempo Brasileiro, 1997, p. 26: "A renúncia ao conceito fundamental da razão prática sinaliza a ruptura com esse normativismo".

segundo, como a razão comunicativa não é imediatamente prática, é possível falar de uma validade falível que é intrínseca ao Direito. Isto é, como o Direito se institucionaliza através de um procedimento que emana da relação de complementaridade entre direitos humanos e soberania política dos cidadãos, esse procedimento permite ao Direito estabelecer-se como normativo. No entanto, a validade decorrente desse processo é sempre passível de ser problematizada, ou seja, uma norma jurídica, embora válida, pode a todo tempo ser questionada abrindo espaço para a sua própria revogação. Assim, o Direito tem que estabilizar-se enquanto ordem normativa e, ao mesmo tempo, falível. Em terceiro, há uma novidade na relação entre Direito e Moral. Como mostramos no segundo capítulo, a relação entre normas jurídicas e normas morais se dava de modo complementar. Agora, porém, há uma recusa dessa complementaridade[244] a favor de uma relação de cooriginariedade e isso, como veremos, não é por acaso. Isto é, as normas jurídicas e as normas morais são cooriginárias na medida em que se desenvolveram "a partir das reservas da eticidade substancial em decomposição".[245]

Essas três perspectivas nos permitirão entender a articulação de um princípio do discurso que é deontologicamente neutro. Possuindo uma neutralidade deontológica, o princípio do discurso vai esclarecer qual o sentido da cooriginariedade entre as normas jurídicas e as normas morais. O princípio do discurso, através da forma do Direito se converte em princípio da democracia. Entrementes, exatamente porque se trata de um princípio deontologicamente neutro é que se recusa a subordinação do Direito Positivo ao Direito Natural e, assim, há uma recusa da relação de complementaridade entre as esferas da moral e do direito. Mas, qual é o fundamento do Direito para Habermas? Como ele se torna normativo? O processo de normatização do Direito se obtém através do processo legislativo. Mas o processo legislativo autonomamente não é fonte da legitimidade do direito. Os membros de uma dada comunidade jurídica

---

[244] HABERMAS, Jürgen. *Direito e Democracia:* entre facticidade e validade. Tomo I. Rio de Janeiro: Tempo Brasileiro, 1997, p. 10: "Convém notar, todavia, que atualmente eu não determino mais a relação complementar entre moral e direito seguindo a linha traçada nas Tanner Lectures".

[245] HABERMAS, Jürgen. *Direito e Democracia:* entre facticidade e validade. Tomo I. Rio de Janeiro: Tempo Brasileiro, 1997, p. 115.

CAPÍTULO IV - FUNDAMENTAÇÃO DO DIREITO

têm que se atribuir direitos para que possam se constituir como membros de uma comunidade jurídica autônoma. Assim, a ideia de que o ordenamento jurídico se constitui enquanto uma instância externa aos cidadãos, heterônoma, cede lugar à ideia de uma produção efetiva de seres livres que têm, no ordenamento jurídico, a manifestação de sua vontade livre, ou seja, o direito é, ao mesmo tempo, criação e reflexo da produção discursiva da opinião e da vontade dos membros de uma dada comunidade jurídica. O processo legislativo vem a ser a instância que se constitui como síntese entre os direitos que cada cidadão tem que se atribuir e sua autonomia política. Em uma palavra, através desse princípio do discurso, neutro do ponto de vista normativo, Habermas poderá fundamentar o Direito de modo a estabilizar a tensão entre autonomia privada e pública através do procedimento legislativo.[246] Assim,

> A cooriginariedade da autonomia privada e pública somente se mostra, quando conseguimos decifrar o modelo da autolegislação através da teoria do discurso, que ensina serem os destinatários simultaneamente os autores de seus direitos. A substância dos direitos humanos insere-se, então, nas condições formais para a institucionalização jurídica desse tipo de formação discursiva da opinião e da vontade, na qual a soberania do povo assume figura jurídica.[247]

---

[246] HABERMAS, Jürgen. *Direito e Democracia:* entre facticidade e validade. Tomo I. Rio de Janeiro: Tempo Brasileiro, 1997, p. 168: "O surgimento da legitimidade a partir da legalidade não é paradoxal, a não ser para os que partem da premissa de que o sistema do direito tem que ser representado como um processo circular que se fecha recursivamente, legitimando-se a *si mesmo.*
[...] A compreensão discursiva do sistema dos direitos conduz o olhar para dois lados: De um lado, a carga da legitimação dos cidadãos desloca-se para os procedimentos da formação discursiva da opinião e da vontade, institucionalizados juridicamente. De outro lado, a juridificação da liberdade comunicativa significa também que o direito é levado a explorar fontes de legitimação das quais ele não pode dispor". Daí porque não é possível falar de uma fundamentação jurídica do Direito, uma vez que o procedimento legislativo e, com isso, a legitimidade do Direito é proveniente da emanação da vontade discursiva dos cidadãos. Só no seio de uma teoria que interpreta a relação entre Direitos Humanos e Soberania do Povo de modo concorrente é que se pode falar de uma fundamentação jurídica do Direito.

[247] HABERMAS, Jürgen. *Direito e Democracia:* entre facticidade e validade. Tomo I. Rio de Janeiro: Tempo Brasileiro, 1997, p. 139.

4.1. A TEORIA DISCURSIVA DO DIREITO

A modernidade realizou, através do conceito de subjetividade, a união entre dois conceitos distintos: razão prática e filosofia do sujeito. Com esse amálgama, a razão prática passa a ser uma faculdade subjetiva, uma titularidade de indivíduos autônomos que passam a ter um lugar historicamente específico e a determinar a configuração de sua vida e de seu mundo. Assim, a razão prática funciona como esfera legislativa na medida em que fornece ao indivíduo normas para o agir. Em Kant não é outra a figura do imperativo categórico. Como razão que se faz imediatamente legisladora, a razão prática submete de modo imediato a vontade[248]. Ora, essa faculdade legisladora da razão prática acoplou o normativismo, proveniente dessa última, a uma descrição da ordem social e política tida como correta. Assim, de uma faculdade que se pretendia normativa apenas para a figura de sujeitos concretos, essa normatividade, guardada o aspecto solipsista de sua formulação, assume as rédeas da história e da ordem social. Esse é o quadro conceitual que permite interpretar tanto o normativismo de uma razão que orientava o indivíduo em seu agir, quanto o normativismo do Direito Natural racional na descrição da ordem social e política. Portanto, a razão prática assume a função de fonte imediata do agir na medida em que se transforma em modelo para a ação. Esse caráter prescritivo da razão prática assume a forma de um mandamento moral, que possui validade deontológica. Esse mandamento é prescritivo na medida em que sua dimensão de validade assume feições deontológicas, pois passa a ser normativa do ponto de vista moral.

A recusa habermasiana de uma instância de fundamentação última deriva, em grande parte, da associação dessa instância de fundamentação a uma figura normativa nos moldes da razão prática e, portanto, aos resquícios de uma filosofia do sujeito. A pergunta por uma esfera de

---

[248] SALGADO, Joaquim Carlos. *A ideia de Justiça em Kant:* seu fundamento na liberdade e na igualdade. 2ª ed. Belo Horizonte: Editora UFMG, 1995, p. 212: "o imperativo categórico não ordena um meio com relação a um fim, pelo que não condiciona a vontade diante de um fim, mas a determina de modo incondicionado, absoluto, pois que ele mesmo é o fim da ação".

CAPÍTULO IV - FUNDAMENTAÇÃO DO DIREITO

fundamentação última é associada a uma esfera prescritiva que se apresenta como imediatamente informativa para a ação, isto é, como esfera legisladora. O recurso à fundamentação última recai no modelo solipsista de uma normatividade que se torna prescritiva para a ação. Na figura do Direito Natural racional, esse aspecto deontológico pode ser caracterizado com a necessária vinculação do Direito Positivo a essa esfera como que a uma medida de legitimidade. Em uma palavra, o Direito Natural racional assume a forma de um mandamento moral que possui validade com contornos deontológicos, cabendo ao Direito Positivo, por seu turno, a fim de obter legitimidade, remeter-se a ele. Assim, tanto mais justo e legítimo seria o Direito Positivo, quanto mais se guiasse por essa medida prescritiva.

Não é sem razão que Habermas afirma: "eu resolvi encetar um caminho diferente, lançando mão da teoria do agir comunicativo: substituo a razão prática pela comunicativa. E tal mudança vai muito além de uma simples troca de etiqueta".[249] Mas, qual é o significado dessa mudança? Por não ser imediatamente prática, isto é, por não oferecer nenhum tipo de "indicação concreta para o desempenho de tarefas práticas, pois não é informativa"[250], a razão comunicativa afasta-se da tradição prescritiva da razão prática. Mas, qual é a importância desse rompimento para a teoria do discurso? E qual é a importância para uma teoria discursiva do direito? Em nossa opinião é de fundamental importância. Primeiro, porque a normatividade da razão comunicativa só se dará mediatamente, isto é, só se torna prescritiva após ser estabelecida por um consenso discursivamente estabelecido. Voltaremos mais tarde a essa questão. Segundo, porque ao distanciar-se da normatividade de um mandamento moral, a razão comunicativa vai poder estabelecer-se a partir de um princípio do discurso neutro do ponto de vista de uma validade deontológica, ou seja, o princípio do discurso é deontologicamente neutro. Essa neutralidade deontológica vai ser o fio condutor que

---

[249] HABERMAS, Jürgen. *Direito e Democracia:* entre facticidade e validade. Tomo I. Rio de Janeiro: Tempo Brasileiro, 1997, p. 19.

[250] HABERMAS, Jürgen. *Direito e Democracia:* entre facticidade e validade. Tomo I. Rio de Janeiro: Tempo Brasileiro, 1997, p. 21.

permitirá, a Habermas, estabelecer uma Filosofia do Direito distinta da kantiana, visto que a relação entre Direito e Moral se dá de modo cooriginário. Como não temos uma normatividade imediata, mas apenas mediata, a fundamentação do Direito não pode mais apelar para uma relação complementar com a Moral, e a relação de correspondência entre Direito Positivo e Direito Natural racional poderá ser abandonada. Essa relação cooriginária entre Direito e Moral será retomada mais adiante. Por hora, é preciso esclarecer o modo como se dá o estabelecimento dessa validade falível.

Em sociedades pós-metafísicas, o fardo da integração social não é solucionado a contento pelo agir comunicativo. Em sociedades arcaicas, a integração social se dava pela coesão fornecida pela autoridade do sagrado ou pela autoridade do costume. Sob a égide do agir comunicativo, a integração social torna-se precária, uma vez que há dois caminhos a serem seguidos: de um lado, como a coesão não é mais obtida pelo recurso a entidades metafísicas ou consuetudinárias, há sempre a possibilidade de dissenso, uma vez que não se tem imediatamente uma solução para as querelas. Quando muito, o que se tem é um prolongamento do discurso, o que acarreta uma alta probabilidade de não adesão a um momento de normatividade. De outro, há a probabilidade de se reconhecer a autoridade normativa do melhor argumento. Então, do estabelecimento de pretensões de validade discursivas se cria uma normatividade que gera reconhecimento para os que agem comunicativamente. Mas, e para os que agem estrategicamente? É, não há motivos para supor que todos agirão segundo as prescrições discursivas.

Ora, na modernidade, cabe ao Direito solucionar esse problema, uma vez que as expectativas geradas pelas convicções pessoais são substituídas, através do monopólio estatal da força, pela possibilidade de aplicação de uma sanção para a não adesão à normatividade jurídica. Eis "por que a teoria do agir comunicativo concede um valor posicional central à categoria do direito e por que ela mesma forma, por seu turno, um contexto apropriado para uma teoria do direito apoiada no princípio do discurso".[251]

---

[251] HABERMAS, Jürgen. *Direito e Democracia:* entre facticidade e validade. Tomo I. Rio de Janeiro: Tempo Brasileiro, 1997, p.24.

CAPÍTULO IV - FUNDAMENTAÇÃO DO DIREITO

A questão que se põe é: podem os destinatários das normas jurídicas questionar a validade dessas prescrições? Essa é uma pergunta renitente na tradição política do pensamento ocidental. Antes da resposta convém uma digressão. Ora, a ideia que legitima o ordenamento jurídico é a de que os cidadãos são os produtores das leis, portanto, é a ideia de autodeterminação ou de soberania política. A palavra *destinatários* supõe uma instância que produz as leis autonomamente sem uma relação imediata com o corpo de cidadãos. Sendo *autopoiéticas*, essas leis, depois de produzidas, são remetidas àqueles a quem cabe obedecê-las. Assim, temos duas instâncias: a produtora e a receptora. Essa parece ser a fonte da interpretação que coloca o Direito como uma instituição heterônoma, como um invólucro colonizador do mundo da vida. Voltando à questão: na medida em que se interpreta o ordenamento jurídico como algo que se destina à constituição de uma normatividade heterônoma, esse ordenamento é carente de legitimação. Só quando o direito emana da vontade de seus cidadãos é que pode ser tido como legítimo. Nas palavras de Habermas:

> Onde se fundamenta a legitimidade de regras que podem ser modificadas a qualquer momento pelo legislador político? Esta pergunta torna-se angustiante em sociedades pluralistas, nas quais as próprias éticas coletivamente impositivas e as cosmovisões se desintegraram e onde a moral pós-tradicional da consciência, que entrou em seu lugar, não oferece mais uma base capaz de substituir o Direito Natural, antes fundado na religião ou na metafísica. Ora, o processo democrático da criação do direito constitui a única fonte pós-metafísica da legitimidade. No entanto, é preciso saber de onde ele tira sua força legitimadora.[252]

Entrementes, a validade das proposições jurídicas são, em princípio, passíveis de revogação, embora, não o seja o ordenamento jurídico, pois "a aceitação da ordem jurídica é distinta da aceitabilidade dos argumento sobre os quais ela apoia a sua pretensão de legitimidade".[253] Essa é a

---

[252] HABERMAS, JÜRGEN. "Posfácio". *Direito e Democracia:* entre facticidade e validade. Tomo II. Rio de Janeiro: Tempo Brasileiro, 1997, p. 308.

[253] HABERMAS, Jürgen. *Direito e Democracia:* entre facticidade e validade. Tomo I. Rio de Janeiro: Tempo Brasileiro, 1997, p. 59.

LUIZ MOREIRA

grande marca do Direito: reunir em si elementos prescritivos abertos à possibilidade de revogação, pois para o Direito "o que é válido precisa estar em condições de comprovar-se contra as objeções apresentadas factualmente".[254]

A elaboração do quesito está envolta por resquícios de uma filosofia contratualista. Nessa última, o problema de se saber se o ordenamento jurídico é ou não válido é medido pelo espaço de liberdade que cabe a cada sujeito de direito. Tanto mais legítimo será o Direito quanto mais preservar o espaço de liberdade privada. A autonomia do cidadão se mede através da liberdade negativa que cabe a cada indivíduo. E as prescrições só são legítimas na medida em que são a justaposição do arbítrio dos contratantes. Sendo assim, as prescrições do ordenamento jurídico só são válidas na medida em que as partes receptoras tiverem seu espaço de liberdade, sua autonomia, preservados. No momento em que a normatividade jurídica invade o espaço de liberdade do indivíduo, cessa-se a legitimidade da produção normativa. Para a teoria discursiva do Direito, a questão: podem os destinatários das normas jurídicas questionar a validade dessas prescrições? se põe em outros termos uma vez que o

> processo democrático, que possibilita a livre flutuação de temas e de contribuições, de informações e de argumentos, assegura um caráter discursivo à formação política da vontade, fundamentando, deste modo, a suposição falibilista de que os resultados obtidos de acordo com esse procedimento são mais ou menos racionais.[255]

Assim sendo, a pergunta pela validade das prescrições jurídicas aponta para a perspectiva do procedimento legislativo. Então, quais são os termos da teoria do discurso? Uma vez que "a comunidade jurídica não se constitui através de um contrato social, mas na base de um

---

[254] HABERMAS, Jürgen. *Direito e Democracia:* entre facticidade e validade. Tomo I. Rio de Janeiro: Tempo Brasileiro, 1997, p. 56.

[255] HABERMAS, Jürgen. "Posfácio". *Direito e Democracia:* entre facticidade e validade. Tomo II. Rio de Janeiro: Tempo Brasileiro, 1997, p. 308.

CAPÍTULO IV - FUNDAMENTAÇÃO DO DIREITO

entendimento obtido através do discurso"[256], há uma reviravolta no modo de conceber a questão. Uma reviravolta, pois, na medida em que os cidadãos são entendidos como membros de uma comunidade jurídica, a posição de destinatários é substituída pela de coautores da normatividade proveniente do Direito. Ou seja, a ordem jurídica não é heterônoma, mas emana da produção discursiva da vontade política dos membros da comunidade jurídica. Essa é a primeira questão. A segunda é que, embora os cidadãos sejam autores do sistema jurídico, a produção discursiva da vontade democrática dos cidadãos exige um processo de institucionalização. Ora, como emana discursivamente da vontade dos cidadãos, a normatividade do Direito não é fechada sobre si mesma, antes precisa comprovar-se na factualidade das decisões democráticas. É normativa na medida em que gera obrigatoriedade. No entanto, sua exigência pós-metafísica de legitimação não pode contentar-se com uma legitimidade que brota tão-somente da institucionalização de preceitos normativos. Se assim fosse, estaríamos substituindo a normatividade metafísica de um Direito Natural racional pela normatividade positivista de um procedimento legislativo, o que não é compatível com a pergunta pela validade de tais proposições, uma vez que a simples substituição de uma esfera por outra não altera a questão. Em outras palavras:

> a compreensão procedimentalista do direito tenta mostrar que os pressupostos comunicativos e as condições do processo de formação democrática da opinião e da vontade são a única fonte de legitimação. Tal compreensão é incompatível, não somente com a ideia platônica, segundo a qual o Direito Positivo pode extrair sua legitimidade de um direito superior, mas também com a posição empirista que nega qualquer tipo de legitimidade que ultrapasse a contingência das decisões legisladoras.[257]

Ora, o procedimento legislativo precisa estar em condições de institucionalizar a vontade democrática dos cidadãos. Mas, como isso

---

[256] HABERMAS, JÜRGEN. "Posfácio". *Direito e Democracia:* entre facticidade e validade. Tomo II. Rio de Janeiro: Tempo Brasileiro, 1997, p. 309.

[257] HABERMAS, JÜRGEN. "Posfácio". *Direito e Democracia:* entre facticidade e validade. Tomo II. Rio de Janeiro: Tempo Brasileiro, 1997, p. 310.

ocorre? Em dois passos. O primeiro passo vem a ser a concepção pós-metafísica de uma autoconstituição da liberdade comunicativa, que se expressa através da livre composição dos temas e contribuições que devem formar a agenda de institucionalização. Ou seja, as liberdades comunicativas devem ser canalizadas de tal modo que possibilitem a livre constituição da esfera normativa através de processos democráticos. Com isso, os membros de uma comunidade jurídica formulam, como coautores da ordem jurídica, as diretrizes dos discursos públicos que devem ser institucionalizados juridicamente. O outro passo é a etapa de correição processual. O procedimento jurídico deve compor-se de tal modo que sua abertura para a vontade democrática dos cidadãos assuma ares institucionais, isto é, devem ser institucionalizados procedimentos que afastem a contingência de decisões arbitrárias. Procedimentos que não permitam a constituição de uma normatividade jurídica *autopoiética*.

Mas, mesmo assumindo a perspectiva de que a autoria do ordenamento jurídico emana da vontade democrática de pessoas livres e iguais, institucionalizada juridicamente, observando uma correição processual, há sempre a possibilidade de que a normatividade, decorrente de tal vontade, se constitua como injusta. Sendo injusta, a normatividade jurídica abre-se para dois caminhos: o primeiro, permanecer injusta e aí ela deixa de ser uma ordem legítima e passa a constituir-se como arbítrio, violência. O segundo, atrelar, ao conceito de direito, a possibilidade de que sua normatividade seja fruto não da vontade democrática dos cidadãos, mas do arbítrio e da violência. Então criva-se, nessa normatividade, a abertura para a falibilidade e com isso a presunção de que preceitos jurídicos possam ser revistos, revogados.

O ordenamento jurídico só passa a ser normativo no momento em que incorpora a dimensão da liberdade comunicativa, pois essa normatividade é tão-somente mediata. É mediata pois, para constituir-se como normativo, o ordenamento jurídico precisa ser reconhecido como legítimo. O simples fato de ser fruto de um procedimento legislativo não confere, à norma jurídica, autoridade absoluta. Antes, porém, o fato de ser norma jurídica lhe confere o status de autoridade relativa, pois estando aberta à comprovação fática sua legitimidade é decorre de sua vinculação a processos democráticos. Na palavras de Habermas:

CAPÍTULO IV - FUNDAMENTAÇÃO DO DIREITO

À luz dessa ideia da autoconstituição de uma comunidade de pessoas livre e iguais, as práticas usuais de criação, de aplicação e de imposição do direito são expostas inevitavelmente à crítica e autocrítica. Sob a forma de direitos subjetivos, as energias do livre-arbítrio, do agir estratégico e da autorrealização são liberadas e, ao mesmo tempo, canalizadas através de uma imposição normativa, sobre a qual as pessoas têm que entender-se, utilizando publicamente suas liberdades comunicativas, garantidas pelo direito, ou seja, através de processos democráticos. A realização paradoxal do direito consiste, pois, em domesticar o potencial de conflito embutido em liberdades subjetivas desencadeadas, utilizando normas cuja força coercitiva só sobrevive durante o tempo em que forem reconhecidas como legítimas na corda bamba das liberdades comunicativas desencadeadas.[258]

A livre composição dos temas e contribuições que devem formar a agenda de institucionalização do processo democrático significa que não se tem, a priori, uma esfera deontológica que forneça os padrões de conduta aceitos como inquestionáveis. Significa, também, que, sob os auspícios do melhor argumento, o Direito dança entre facticidade e validade, vindo a constituir-se como instituição que obtém sua legitimidade na medida em que expressa a vontade discursiva dos cidadãos. Como a legitimidade do Direto decorre da correição processual, e essa última da conjunção entre soberania política e direitos humanos, a validade decorrente desse processo é sempre passível de revisão. Uma questão, no entanto, continua intocada. É justamente aquela referente à ausência de uma normatividade imediata no âmbito do jurídico. Como dissemos, houve uma época em que essa normatividade era fruto de uma medida de correspondência entre o Direito Positivo e o Direito Natural racional. Isso implicava uma medida deontológica em termos morais para o Direito. Então, o Direito Positivo deveria aproximar-se dessa medida de moralidade a fim de obter legitimidade. Com isso, temos a secular associação do Direito à Moral. A recusa dessa situação, ou seja,

---

[258] HABERMAS, JÜRGEN. "Posfácio". *Direito e Democracia:* entre facticidade e validade. Tomo II. Rio de Janeiro: Tempo Brasileiro, 1997, pp. 324/325.

ao atrelamento do Direito a uma instância imediatamente informativa para a ação, possibilitada pela permuta da razão prática pela razão comunicativa, gerou a oportunidade de se explicitar o modo como se realiza a relação entre Direito e Moral, o que no seio de uma teoria discursiva do Direito[259] tem que levar em consideração a pergunta pela validade. E isso significa que não mais são satisfatórias as explicações fundadas seja em uma filosofia da consciência, seja em uma esfera metafísica. Em uma palavra, não é mais possível estabelecer uma relação de subordinação entre o Direito Positivo e o direito moral ou Direito Natural.

Mas, em que medida as normas jurídicas e as normas morais são cooriginárias? Na medida em que uma não é legisladora para a outra. E isso quer dizer que não se pode buscar o fundamento de uma apelando para a normatividade da outra, uma vez que ambas originam-se simultaneamente.

Surge o momento de se introduzir uma diferenciação a fim de se evitar mal-entendidos. Ora, coerente com a racionalidade comunicativa, Habermas rejeita a relação de subordinação entre Direito e Moral a fim de não cair nas armadilhas da razão prática. Como a razão comunicativa não é imediatamente legislativa para a ação, mas só mediatamente legislativa, não se pode estabelecer uma relação que apele para a

---

[259] HABERMAS, Jürgen. *Direito e Democracia: entre facticidade e validade*. Tomo I. Rio de Janeiro: Tempo Brasileiro, 1997, pp. 110/111: "Por 'direito' eu entendo o moderno direito normatizado, que se apresenta com a pretensão à fundamentação sistemática, à interpretação obrigatória e à imposição. O direito não representa apenas uma forma de saber cultural, como a moral, pois forma, simultaneamente, um componente importante do sistema de instituições sociais. O direito é um sistema de saber e, ao mesmo tempo, um sistema de ação. Ele tanto pode ser entendido como um texto de proposições e de interpretações normativas, ou como uma instituição, ou seja, como um complexo de reguladores da ação. E, dado que motivos e orientações axiológicas encontram-se interligados no direito interpretado como sistema de ação, as proposições do direito adquirem uma eficácia direta para a ação, o que não acontece nos juízos morais. De outro lado, as instituições jurídicas distinguem-se de ordens institucionais naturais através de seu elevado grau de racionalidade; pois, nelas, se incorpora um sistema de saber mantido dogmaticamente, isto é, articulado, trazido para um nível científico e interligado com uma moral conduzida por princípios".

CAPÍTULO IV - FUNDAMENTAÇÃO DO DIREITO

normatividade de uma em relação à outra. Até aqui parece que tudo mantém uma coerência. No entanto, afirma-se mais adiante, por exemplo, que "a moral autônoma e o Direito Positivo, que depende de fundamentação, encontram-se numa *relação de complementação recíproca*".[260] Essa afirmação não é contraditória com aquela do prefácio que afirma uma postura diferente daquela contida no artigo "Direito e Moral" de 1986[261], a saber, "que atualmente eu não determino mais a relação complementar entre moral e direito seguindo a linha traçada nas Tanner Lectures"?[262] E assim, declina-se de uma relação de cooriginariedade para uma de complementaridade entre Direito e Moral? Essa é uma questão que merece ser examinada detalhadamente. Primeiro é necessário recapitularmos qual o sentido dessa complementaridade entre Direito e Moral esboçado nas aulas na Universidade de Harvard. Nesse artigo, a ideia de uma racionalidade jurídica fora acoplada a uma racionalidade em sentido prático-moral. Isso porque só eram legítimas as normas legais que obrigavam, na perspectiva moral, todos os membros de uma comunidade jurídica. Então, a normatividade do jurídico representava o apelo a uma medida de validade deontológica em sentido prático-moral. Daí que a relação de complementaridade entre o jurídico e o moral significava que, em última instância, o critério de validade é dado pela medida moral que perpassa o ordenamento jurídico. Assim, a complementaridade assume uma função deontológica, pois a moralidade é designadora do grau de legitimidade do Direito Positivo. Em uma palavra, a complementaridade moral em relação ao direito representa a equiparação da ordem jurídica a uma esfera moral que lhe é superior. Portanto, com a relação de complementaridade assume-se uma dimensão normativa para o Direito no sentido da razão prática. E, com isso, há o reconhecimento de uma esfera que é imediatamente informativa para a

---

[260] HABERMAS, Jürgen. *Direito e Democracia:* entre facticidade e validade. Tomo I. Rio de Janeiro: Tempo Brasileiro, 1997, p. 141.

[261] HABERMAS, Jürgen. "Estudos Preliminares e Complementos: I. Direito e Moral". *Direito e Democracia:* entre facticidade e validade. Tomo II. Rio de Janeiro: Tempo Brasileiro, 1997, pp. 193-247.

[262] HABERMAS, Jürgen. *Direito e Democracia:* entre facticidade e validade. Tomo I. Rio de Janeiro: Tempo Brasileiro, 1997, p. 10.

validade jurídica. Enfim, podemos concluir que, no trabalho de 1986, o caminho traçado pela formulação habermasiana coincide com a da tradição da razão prática, a saber, a busca dos elementos morais que fundamentam o ordenamento jurídico. Assim, a complementaridade significa uma posição geneticamente ascendente da Moral em relação ao Direito.

Outro é o significado da relação de complementaridade no livro de 1992. Diríamos que, na formulação da teoria discursiva do Direito, a relação entre Direito e Moral é mais complexa. Em sua origem, a relação é de simultaneidade, ou seja, ambas as esferas originam-se concomitantemente, são cooriginárias. Em seu procedimento, no entanto, a relação é de complementaridade recíproca. Isto é, no modo de proceder completam-se mutuamente. Essa simultaneidade genética gera a possibilidade de que se preserve a independência da esfera jurídica em relação a uma esfera normativa em sentido moral, através de um princípio do discurso neutro do ponto de visto deontológico. Enquanto que a complementaridade, pelo procedimento, garante à moral uma irradiação para além de suas fronteiras. Esse duplo aspecto da relação entre normas morais e normas jurídicas, a saber, o de simultaneidade na origem e o de complementaridade procedimental, garante uma neutralidade normativa imediata para o Direito, mas possibilita a abertura do mundo jurídico, através do procedimento legislativo, ao universo moral, uma vez que

> o processo legislativo permite que razões morais fluam para o direito. E a política e o direito têm que estar afinados com a moral – numa base comum de fundamentação pós-metafísica –, mesmo que os pontos de vista morais não sejam suficientemente seletivos para a legitimação de programas do direito.[263]

Disso resulta um reposicionamento no modo de interpretar os aspectos da realização de uma integração social. Como gerar consenso através de normas legítimas? Como solucionar conflitos? Essas são algumas

---

[263] HABERMAS, JÜRGEN. "Posfácio". *Direito e Democracia:* entre facticidade e validade. Tomo II. Rio de Janeiro: Tempo Brasileiro, 1997, p. 313.

CAPÍTULO IV - FUNDAMENTAÇÃO DO DIREITO

questões que se põem tanto para o Direito quanto para a Moral, porém, são postas de modos diversos.

Como a teoria discursiva do Direito realizou uma permuta entre o normativismo imediato da razão prática pela normatividade mediata da razão comunicativa, fica claro que a relação de dependência normativa do Direito em relação à Moral é substituída pela relação de simultaneidade na origem. Essa cooriginariedade representa um desligamento da eticidade tradicional, na medida em que significa a secularização desses preceitos. Esclarecido o sentido da relação de cooriginariedade entre o jurídico e o moral, é preciso explicitar o significado dessa relação de complementaridade, uma vez que a complementaridade se faz por meio de um procedimento. Ou seja, a esfera moral e a jurídica, no modo de proceder, completam-se mutuamente.

A modernidade desliga-se da eticidade substancial no momento em que a passagem para o nível de fundamentação pós-convencional representa o abandono de certezas não problematizáveis, como as advindas da metafísica e da força dos costumes da tradição. Nesse quadro, a moral racional passa a ser concebida como uma esfera cultural secular, como um saber ao lado e outros saberes. Como saber, "ela existe apenas como um conteúdo significativo de símbolos culturais, que podem ser entendidos e interpretados, transmitidos e desenvolvidos criticamente".[264] Nesse sentido, o requisito fundamental da moralidade passa a ser o da universalização. Desse modo, em sociedades pós-metafísicas, a moral assume a feição de um procedimento argumentativo.

A moral racional é capaz de gerar integração social? Com o desligamento da tradição, a moral racional passa a exercer a função de um procedimento universal operando na "constituição *interna* de um determinado jogo de argumentação".[265] Com isso, a moral racional fica adstrita a uma forma de saber cultural, não obtendo obrigatoriedade

---

[264] HABERMAS, Jürgen. *Direito e Democracia:* entre facticidade e validade. Tomo I. Rio de Janeiro: Tempo Brasileiro, 1997, p. 149.

[265] HABERMAS, Jürgen. *Direito e Democracia:* entre facticidade e validade. Tomo I. Rio de Janeiro: Tempo Brasileiro, 1997, p. 146.

institucional, salvo se apelar para a relação com o Direito. Como saber cultural, a moral não realiza uma passagem obrigatória para a ação, ou seja, a função de um procedimento universal argumentativo não significa que, após a realização de tal operação, se siga a respectiva ação. Há uma falta de eficácia no procedimento moral, que desacopla o princípio de universalização da facticidade da ação. Por conseguinte, a pessoa que age apenas sob os auspícios morais pode avaliar determinada ação e formular um juízo, mas isso não significa a sua realização. Isso por que há um fosso entre o procedimento de universalização moral e a institucionalização da ação.[266] O Direito, no entanto, além de ser um sistema de saber é também um sistema de ação. Sendo assim, alivia a moral do fardo da integração social, que, sozinha, não pode realizar.

Por pertencer, simultaneamente, às esferas cultural e institucional, o Direito compensa as fragilidades morais no sentido de uma complementaridade procedimental. Ora, ao situar-se como membro de uma comunidade jurídica, a pessoa moral é aliviada de suas decisões na medida em que o ordenamento jurídico possibilita uma integração social, pois gera normatividade. Sendo assim, ao retirar o peso das decisões individuais, o Direito realiza a passagem da esfera da vontade individual para a produção de uma normatividade institucional. Enquanto pessoa moral, o ator encontra-se sob a égide de uma cultura, de um saber a quem cabe fazer a passagem do universal para o particular, a quem cabe passar da norma para o fato. E ao fazer isso, a pessoa moral, segundo Habermas, encontra-se sob três exigências, a saber, cognitivas,

---

[266] HABERMAS, Jürgen. *Direito e Democracia:* entre facticidade e validade. Tomo I. Rio de Janeiro: Tempo Brasileiro, 1997, p. 149: "Naturalmente a moral culturalmente oscilante também se refere a *possíveis* ações; no entanto, de si mesma, ela não mantém mais vínculo com os motivos que impulsionam os juízos morais para a prática e com as instituições que fazem com que as expectativas morais justificadas sejam realmente preenchidas. A moral que se retraiu para o interior do sistema cultural passa a ter uma relação apenas virtual com a ação, cuja atualização depende dos *próprios* atores motivados. Estes precisam estar dispostos a agir conscientemente". Como o procedimento de universalização moral não significa disposição para o agir, a pessoa pode ter chegado a determinação de que um dado ato é contrário à moral, mas mesmo assim dar-lhe execução. Isso porque a moral não obriga a vontade, não gera obrigatoriedade em sentido jurídico.

CAPÍTULO IV - FUNDAMENTAÇÃO DO DIREITO

motivacionais e organizacionais.[267] Essas exigências, no entanto, são aliviadas na medida em que a pessoa moral passa a viver sob os auspícios do ordenamento jurídico. Em uma palavra, quando se assume como membro de uma comunidade jurídica, isto é, como sujeito de direito.

Convém, no entanto, a fim de esclarecer o sentido da relação de complementaridade pelo procedimento entre a Moral e o Direito, mostrar quais são as exigências que o sujeito moral se depara ao passar do momento da formulação de juízos para a ação. É justamente ao realizar a passagem da formulação do juízo, que se faz através de um princípio de universalização argumentativo, para a ação que o sujeito moral se encontra sob essas três exigências supra mencionadas, a saber, exigências cognitivas, motivacionais e organizacionais.

A primeira das exigências, ou seja, a exigência cognitiva, vem a ser aquela decorrente da passagem da norma para o fato, aquela que exige, através do recurso a um procedimento universal argumentativo, que se chegue à formação imparcial do juízo. Juízo que permite, à pessoa moral, avaliar questões controversas. Entrementes, mesmo a moral possibilitando o julgamento de questões controversas, pois "é especializada em questões de justiça e aborda em princípio *tudo* à luz forte e restrita da universalizabilidade"[268], se constitui como exigência cognitiva na medida em que não tem condições de estabelecer um código de obrigações. Como a formação imparcial do juízo não significa a passagem obrigatória da norma para o fato, os sujeitos morais encontram-se frente a uma *indeterminação cognitiva*[269] na medida em que não lhes é facultado seguir normas obrigatórias para a ação. Através do recurso a um procedimento universal argumentativo não se elabora um código de normas que orientem a ação, mas antes temos a formação de um procedimento universal de elaboração de juízos. No momento em que

---

[267] HABERMAS, Jürgen. *Direito e Democracia:* entre facticidade e validade. Tomo I. Rio de Janeiro: Tempo Brasileiro, 1997, p. 150.

[268] HABERMAS, Jürgen. *Direito e Democracia:* entre facticidade e validade. Tomo I. Rio de Janeiro: Tempo Brasileiro, 1997, p. 149.

[269] HABERMAS, Jürgen. *Direito e Democracia:* entre facticidade e validade. Tomo I. Rio de Janeiro: Tempo Brasileiro, 1997, p. 151.

pessoas morais necessitam posicionar-se sobre questões controversas, que escapam à normalidade de questões paroquiais, o peso cognitivo de tal posição configura-se como uma ameaça à integração social, uma vez que a moralidade não tem condições de elaborar um catálogo de obrigações, que dissolvam os conflitos provenientes da passagem do universal para a ação.

No entanto, essa *indeterminação cognitiva* é dissolvida e absolvida no momento em que o Direito se constitui como fonte mediata para a constituição da normatividade, pois "o legislador político decide quais normas valem como direito e os tribunais resolvem, de forma razoável para todas as partes, a disputa sobre a aplicação de normas válidas, porém carentes de interpretação".[270]

Assim, o momento de definição da retidão do ato, ou seja, da formação do critério de justiça é transferido de um momento de formação de juízos para a formação institucional da validade das normas. Essa transferência é realizada pelo Direito na medida em que alivia os sujeitos dos fardos cognitivos de definição do que é justo ou injusto. O critério de justiça ou de injustiça, para a ação, encontra-se institucionalizado por meio da normatividade que emana do Direito. Essa normatividade elimina a indeterminação cognitiva, pois se constitui como fonte geradora de obrigações. A determinação mediata da normatividade é elaborada através do Direito, que passa a ser fonte imediata para ação. Assim, as questões de justiça passam a ter sede institucional e sua formação se dá através da elaboração de procedimentos que encerram uma correição processual interna, que emana da vontade discursiva dos cidadãos. Então, a elaboração desses procedimentos significa que, no Direito

> o processo de legislação parlamentar, a prática de decisão judicial institucionalizada, bem como o trabalho profissional de uma dogmática jurídica, que sistematiza decisões e concretiza regras, significam um alívio para o indivíduo, que não precisa carregar o peso cognitivo da formação do juízo prático moral.[271]

---

[270] HABERMAS, Jürgen. *Direito e Democracia:* entre facticidade e validade. Tomo I. Rio de Janeiro: Tempo Brasileiro, 1997, p. 151.

[271] HABERMAS, Jürgen. *Direito e Democracia:* entre facticidade e validade. Tomo I. Rio de Janeiro: Tempo Brasileiro, 1997, p. 151.

CAPÍTULO IV - FUNDAMENTAÇÃO DO DIREITO

Assim, como sujeito de direito, a pessoa moral é aliviada de suas decisões na medida em que o ordenamento jurídico possibilita, aos indivíduos, agirem em conformidade com normas que geram justiça e liberdade. Portanto, o critério de julgamento das ações deixa de ser algo restrito à esfera moral quando é absolvido pela esfera do Direito. Isso não significa, no entanto, que haja um abandono das questões de justiça. Significa que, com a relação de complementaridade procedimental entre as esferas do Direito e da Moral, o que é justo perde o caráter de virtualidade para a ação e assume feições efetivas por meio da institucionalização jurídica. Eis um dos aspectos da complementaridade procedimental entre o Direito e a Moral: com a eliminação da incerteza cognitiva, realiza-se a passagem de um saber para a ação.

A segunda exigência é de cunho motivacional. Em sociedades pós-metafísicas, a formação discursiva da vontade, quando estabelecida tão-somente a partir da moralidade, encontra-se frente a um problema: há a probabilidade de se reconhecer a autoridade normativa do melhor argumento e, com isso, gerar obrigatoriedade para a ação, mas, também, há a possibilidade de que a normatividade, fruto desse acordo comunicativo, não seja suficiente para gerar consenso. Como as razões que geram os consensos são sempre abertas a problematizações, e essas problematizações tanto podem gerar consenso como dissenso, há sempre a expectativa de que um comportamento tido como correto não obtenha adesão. Com o Direito, o problema da expectativa de comportamento, de se saber se haverá uma obediência geral a normas, é absolvido pelo monopólio estatal da força. Daí que a incerteza motivacional[272], que sobrecarrega o sujeito moral, é aliviada pela possibilidade de sanção que coibi comportamentos desviantes. Então, à incerteza motivacional sucede uma obrigatoriedade aos preceitos jurídicos, pois

> uma moral da razão depende de um direito que impõe um agir conforme a normas, deixando livres os motivos e enfoques. O direito coercitivo cobre de tal modo as expectativas normativas

---

[272] HABERMAS, Jürgen. *Direito e Democracia:* entre facticidade e validade. Tomo I. Rio de Janeiro: Tempo Brasileiro, 1997, p. 151.

com ameaças de sanção, que os destinatários podem limitar-se a considerações orientadas pelas consequências.[273]

Contudo, como no âmbito estritamente moral só se pode exigir o cumprimento de determinados preceitos somente se for válido para todos, e como não há certeza de que todos seguirão esses preceitos, surge um problema: a incerteza motivacional para a ação gera a facticidade da inimputabilidade. No âmbito moral, a normatividade emana da certeza oriunda da universalidade. É essa universalidade que gera consenso. Como não há meios para se exigir que sujeitos morais ajam de um determinado modo, as chances de integração social são reduzidas a proporções desprezíveis. Em outras palavras,

> de acordo com uma moral da razão, os indivíduos singulares examinam a validade de normas, pressupondo que estas são seguidas faticamente por cada um. E, se a validade das normas implica o assentimento racionalmente motivado de todos os atingidos, sob a condição de uma prática de obediência *geral* a normas, então não pode ser *exigido* de ninguém que se atenha a normas válidas, enquanto a condição citada não estiver preenchida. Cada um deve poder esperar que todos sigam as normas válidas. Normas válidas só são imputáveis quando puderem ser impostas faticamente contra um comportamento desviante.[274]

À inimputabilidade moral sucede a imputabilidade decorrente da não observância dos preceitos jurídicos. A sanção contra comportamentos desviantes significa uma garantia contra aquelas ações que não observam a normatividade que emana do Direito. E essa autorização especial para o uso da força decorre da legitimidade que fundamenta as normas jurídicas. No âmbito jurídico, a normatividade emana de sua legitimidade. É essa legitimidade que gera consenso.

---

[273] HABERMAS, Jürgen. *Direito e Democracia:* entre facticidade e validade. Tomo I. Rio de Janeiro: Tempo Brasileiro, 1997, pp. 151/152.

[274] HABERMAS, Jürgen. *Direito e Democracia:* entre facticidade e validade. Tomo I. Rio de Janeiro: Tempo Brasileiro, 1997, p. 152.

CAPÍTULO IV - FUNDAMENTAÇÃO DO DIREITO

Do caráter universalista da moral resulta uma obrigação frente a deveres positivos. Essa universalidade gera uma imputabilidade moral que só consegue ser satisfeita, em sociedades complexas, através de uma teia de relações cooperativas e organizacionais. A fim de se fazer exequível, a imputabilidade dos deveres morais tem que apelar para uma cadeia organizacional que permite levar a contento tal obrigação. A efetivação da obrigação moral é carente de um sistema complexo de interações que exigem um alto grau de especialização. Há, então, um abismo entre a consciência da obrigação moral e os meios para tornar efetivos tais obrigações. Essa exigência organizacional é suprida pelo Direito na medida em que normas jurídicas fundam um ordenamento logicamente encadeado, possibilitando, com isso, uma ideia de plenitude, pois sendo reflexivas as normas jurídicas suprem suas próprias lacunas.

Como, em sociedades pós-metafísicas, os problemas de legitimação das instituições é premente, e como a moral não reúne as condições suficientes para preencher as lacunas oriundas do fracasso das instituições mantidas pelo peso da tradição ou por apelos metafísicos, o Direito pode ser o instrumento para consolidar o abalo obtido com essa falta de adesão, pois

> o direito não é recomendado apenas para a reconstrução dos complexos de instituições naturais que ameaçam ruir devido à subtração da legitimação. Em virtude da modernização social, surge uma necessidade organizacional de tipo *novo*, que só pode ser satisfeita de modo construtivo. O substrato institucional de áreas de interações tradicionais, tais como a família e a escola, é reformulado através do direito, o qual torna possível a *criação* de sistemas de ação organizados formalmente, tais como os mercados, empresas e administrações. A economia capitalista, orientada pelo dinheiro, e a burocracia estatal, organizada a partir de competências, surgem no *medium* de sua institucionalização jurídica.[275]

A partir da explicitação das dificuldades, inerentes à ação, que assolam aquele que age a partir da perspectiva moral, pudemos explicitar

---

[275] HABERMAS, Jürgen. *Direito e Democracia:* entre facticidade e validade. Tomo I. Rio de Janeiro: Tempo Brasileiro, 1997, pp. 153/154.

o modo pelo qual a moral é complementada pelo Direito. Essa complementaridade tem a função de irradiar o discurso moral para diferentes áreas de ação. Por conseguinte, voltamos à etapa inicial, a saber, à etapa da determinação da relação entre normas jurídicas e normas morais. Esse duplo aspecto, o de simultaneidade na origem e o de complementaridade procedimental, garante uma neutralidade normativa imediata para o Direito, mas possibilita a abertura do mundo jurídico, através do procedimento legislativo, ao universo moral. Como da composição entre direitos humanos e soberania do povo é que vai ser possível, à teoria discursiva do Direito, legitimar o ordenamento jurídico, chega a hora de esclarecermos o sentido dessa composição e em que medida lhe possibilita legitimidade.

4.2. DIREITOS HUMANOS E SOBERANIA DO POVO

A moderna compreensão do Direito tem origem na explicitação do significado do conceito direito subjetivo. Os direitos subjetivos constituem-se como a garantia, para o exercício igual das mesmas medidas de liberdade, no interior de uma comunidade de sujeitos de direito. Como faculdade de fazer ou deixar de fazer algo em virtude da lei, temos a explicitação, em forma jurídica, dos espaços de ação em que cada sujeito pode exercer livremente sua vontade. Esse espaço de ação é expresso em termos aritméticos, uma vez que é através desse espaço que se explicita o igual gozo dos direitos. Como medida aritmética, os direitos subjetivos definem as liberdades de ação, composta de modo simétrico, para todos os indivíduos. Então, qual é o limite dessa liberdade de ação? A igual medida de direitos para todos os membros do corpo jurídico. Assim, os direitos subjetivos têm uma forma aritmética, quantitativa[276], uma vez

---

[276] VAZ, Henrique Cláudio de Lima. *Escritos de Filosofia II:* ética e cultura. 2ª ed. (Coleção Filosofia, 8). São Paulo: Loyola, 1993, p. 267: "As modernas teorias políticas [...] obscureceram esse problema ao operar fundamentalmente com a noção de igualdade quantitativa ou aritmética, resultante da comparação entre grandezas homogêneas que seriam os próprios indivíduos participantes do corpo político. O pressuposto mecanicista deste tipo de pensamento reduz assim os indivíduos a grandezas iguais, a átomos movendo-se num espaço social isotrópico. Tal modelo repousa sobre a hipótese

CAPÍTULO IV - FUNDAMENTAÇÃO DO DIREITO

que é a sua igual distribuição a todos os indivíduos, segundo uma lei geral, que possibilita o espaço para a tomada de decisão dos sujeitos de direito. É essa liberdade em termos negativos, que vai pautar, por exemplo, a Declaração dos Direitos do Homem e do Cidadão, de 1789, bem como a Constituição da República Federativa do Brasil, de 1988.

Como as leis devem velar pelo igual acesso de todos aos mesmos direitos, sua função é zelar para que os sujeitos, em suas ações, tenham o máximo sucesso possível. Esse quadro conceitual aponta para duas perspectivas: uma é que os direitos subjetivos são entendidos como espaços privados de atuação, modelados a partir de filosofia do sujeito, cabendo aos direitos subjetivos a constituição dessa liberdade, que é expressa em termos aritméticos, como medida quantitativa de espaços para a ação, ou em outras palavras:

> direitos subjetivos são direitos negativos que protegem os espaços da ação individual, na medida em que fundamentam pretensões, reclamáveis judicialmente, contra intervenções ilícitas na liberdade, na vida e na propriedade. A autonomia privada é garantida, nessa esfera colocada sob a proteção do direito, principalmente através do direito de fechar contratos, de adquirir, herdar ou alienar propriedade.[277]

A outra, é o uso instrumental do direito, oriundo dessa faculdade subjetiva, garantida por esses direitos que permitem que sujeitos ajam

---

insustentável da igualdade *natural* entre os homens da qual resultaria a constituição da sociedade pelo pacto de associação entre iguais. Na verdade, porém, a natureza é o domínio da *diferença* e, enquanto procedem da natureza, os homens se constituem em indivíduos pela particularidade das suas diferenças irredutíveis. A única igualdade possível aqui é aquela que resulta da negação da diferença qualitativa: a igualdade abstrata do número. Mas, operando-se com esse modelo, a igualdade social só pode ser pensada como multidão de indivíduos isolados e mantidos num sistema social de natureza mecânica pela ação de uma força que age *ab extrinseco*. Basta que essa força se concentre nas mãos de um só e estará presente o modelo perfeito do sistema totalitário: todos são iguais porque todos são escravos".

[277] HABERMAS, Jürgen. *Direito e Democracia*: entre facticidade e validade. Tomo I. Rio de Janeiro: Tempo Brasileiro, 1997, pp. 116/117.

orientados tão-somente pelo sucesso pessoal e a afinidade dessa faculdade com as exigências funcionais de sociedades econômicas. É a manutenção desse particularismo, garantido pelos direitos subjetivos, que vai permitir a constituição de uma lógica especializada em problemas técnicos, em detrimento das questões políticas. É justamente contra a redução do direito a um simples espaço de liberdade negativa que vai se insurgir a teoria discursiva do Direito. Sua intenção é explicitar as pretensões de validade inerentes ao processo de entendimento próprio ao universo jurídico. Assim, a redução do direito aos aspectos solipsistas dos direitos subjetivos[278] aponta para a questão da integração social em sociedades complexas, mas também para a pergunta pela sua validade, uma vez que

> tais determinações conceituais esclarecem por que o direito moderno se adequa especialmente à integração social de sociedades econômicas que, ..., dependem das decisões descentralizadas de sujeitos singulares orientados pelo sucesso próprio. Porém o direito não pode satisfazer apenas às exigências funcionais de uma sociedade complexa, devendo levar em conta também as condições precárias de uma integração social que se realiza, em última instância, através das realizações de entendimento de sujeitos que agem comunicativamente, isto é, através da aceitabilidade de pretensões de validade.[279]

Afinal, por que o Direito é válido? Como foi demonstrado acima, o Direito alivia o sujeito moral do peso das decisões ao instituir critérios normativos. Ou seja, ao instituir-se por meio do processo legislativo, o Direito retira da moral o peso da integração social. No entanto, não é o processo legislativo, em última instância, a medida de legitimidade do ordenamento jurídico. Para ser legítimo, o processo legislativo emana da composição entre soberania do povo e direitos humanos. Com isso,

---

[278] HABERMAS, Jürgen. *Direito e Democracia:* entre facticidade e validade. Tomo I. Rio de Janeiro: Tempo Brasileiro, 1997, p. 120: "Os direitos subjetivos apoiam-se no reconhecimento recíproco de sujeitos de direito que cooperam".

[279] HABERMAS, Jürgen. *Direito e Democracia:* entre facticidade e validade. Tomo I. Rio de Janeiro: Tempo Brasileiro, 1997, p. 114.

CAPÍTULO IV - FUNDAMENTAÇÃO DO DIREITO

temos que a legitimidade surge da legalidade. Quando entendida sob os auspícios do direito subjetivo, essa afirmação parece demasiado estranha, uma vez que a tradição elaborou diferentemente a questão. A questão foi elaborada segundo premissas solipsistas do direito subjetivo.

Mas, em que sentido a legitimidade surge da legalidade? Na medida em que a legalidade é, ao mesmo tempo, criação e reflexo da produção discursiva da opinião e da vontade dos membros de uma dada comunidade jurídica. Portanto, a legalidade vem a ser a instância que se constitui como síntese entre os direitos que cada cidadão tem que se atribuir e sua autonomia política.

Assim, ao que parece, há uma relação de concorrência entre os direitos humanos e o princípio da soberania do povo[280] fundada crucialmente no problema de se saber se a comunidade política é soberana ao ponto de tudo dispor ou se, ao contrário, essa prerrogativa sofre restrições por parte de direitos que são anteriores à constituição da comunidade.

Estribada nessa concepção, a tradição elaborou basicamente duas propostas: uma que postula "o primado dos direitos humanos que garantem as liberdades pré-políticas do indivíduo e colocam barreiras à vontade soberana do legislador político";[281] a outra, que dá "destaque ao valor próprio, não-instrumentalizável, da auto-organização dos

---

[280] HABERMAS, JÜRGEN. "Posfácio". *Direito e Democracia:* entre facticidade e validade. Tomo II. Rio de Janeiro: Tempo Brasileiro, 1997, p. 315: "Na tradição, estes dois elementos encontravam-se numa relação de concorrência. O *liberalismo*, que remonta a Locke, conseguiu exorcizar, a partir do século XIX, o perigo das maiorias tirânicas, postulando, contra a soberania do povo, a precedência de direitos humanos, ao passo que o *republicanismo*, que remonta a Aristóteles, sempre colocou a 'liberdade antiga', que participava da política, na frente da 'liberdade moderna', não-política. Nem Rousseau, nem Kant conseguiram fazer jus à intuição que pretendiam traduzir em conceitos. Pois os direitos humanos, que Kant sintetiza no direito 'originário' a iguais liberdades de ação subjetivas, não podem ser simplesmente impostos ao legislador soberano como um limite externo, nem instrumentalizado como um requisito funcional a serviço dele".

[281] HABERMAS, Jürgen. *Direito e Democracia:* entre facticidade e validade. Tomo I. Rio de Janeiro: Tempo Brasileiro, 1997, p. 134.

cidadãos, de tal modo que, aos olhos de uma comunidade naturalmente política, os direitos humanos só se tornam obrigatórios enquanto elementos de sua própria tradição, assumida conscientemente".[282] Em síntese, o princípio da soberania do povo sofre restrições? Os direitos humanos constituem-se como direitos pré-políticos? Os direitos humanos, ao invés, só são válidos quando reconhecidos por uma comunidade política? Ou essa comunidade jurídica só se torna possível na medida em que reconhece os direitos humanos? Essas são algumas das questões formuladas pela teoria política e que merecem exame.

Essa forma de pôr a questão encobre, porém, o verdadeiro problema, que está atrelado ao modo de articular o papel que cabe aos direitos subjetivos como elementos do ordenamento jurídico. Os direitos subjetivos apelam para uma relação de colaboração entre os sujeitos de direito. Relação que se pauta pela reciprocidade de deveres e obrigações, mas também pela coautoria da ordem jurídica, uma vez que essa reciprocidade se deve ao fato de serem membros livres e iguais de tal comunidade. Então, a aparente estrutura solipsista dos direitos subjetivos esconde uma estrutura intersubjetiva dos direitos, fundada a partir da coautoria desse ordenamento. Como coautores, os direitos referem-se reciprocamente a todos os sujeitos e é tal estrutura que possibilita que direitos subjetivos sejam reclamados judicialmente. Então a estrutura aritmética dos direitos subjetivos, que possibilita a articulação do conceito de liberdade como liberdade negativa, sofre um revés, pois a tematização dos direitos subjetivos supõe que haja uma reciprocidade na articulação do conceito de liberdade.[283] Pois bem, é essa promessa de reciprocidade que desmonta o esquema solipsista. Na medida em que os direitos são recíprocos explicita-se sua estrutura intersubjetiva e, com isso, afasta-se a conotação subjetiva dos direitos. Dito de outro modo: por que se espera

---

[282] HABERMAS, Jürgen. *Direito e Democracia:* entre facticidade e validade. Tomo I. Rio de Janeiro: Tempo Brasileiro, 1997, p. 134.

[283] HABERMAS, Jürgen. *Direito e Democracia:* entre facticidade e validade. Tomo I. Rio de Janeiro: Tempo Brasileiro, 1997, p. 155: "eu entendo a 'liberdade comunicativa' como a possibilidade – pressuposta no agir que se orienta pelo entendimento – de tomar posição frente aos proferimentos de um oponente e às pretensões de validade aí levantadas, que dependem de um reconhecimento intersubjetivo".

CAPÍTULO IV - FUNDAMENTAÇÃO DO DIREITO

reciprocidade na tematização dos direitos subjetivos? Porque é através de uma estrutura intersubjetiva que se faz possível o reconhecimento da coautoria do ordenamento jurídico. Coautores livres e iguais que, como membros da comunidade jurídica, articulam uma reciprocidade de direitos e obrigações comuns a todos os sujeitos de direito.

Mas, afinal, se é equivocada a pressuposição de que o ordenamento jurídico é composto a partir de espaços quantitativos, onde se efetivam os direitos subjetivos? E se com a demonstração desse equívoco, ou seja, da demonstração de que o Direito emana da formação discursiva da opinião e da vontade, se chega ao nexo entre soberania do povo e direitos humanos, em que reside esse nexo? Reside na institucionalização de procedimentos que acoplem à sua gênese a abertura para a vontade democrática dos cidadãos. Ou em outras palavras:

> O nexo interno entre 'direitos humanos' e soberania popular, que buscamos aqui, reside, pois no fato de que a exigência de institucionalizar a autolegislação em termos de direito tem que ser preenchida com o auxílio de um código, o qual implica, *ao mesmo tempo*, a garantia de liberdades subjetivas de ação e de reclamação. Inversamente, a repartição igualitária desses direitos subjetivos (e de seu 'valor equitativo') só pode ser satisfeita através de um processo democrático que justifica a suposição de que os resultados da formação política da opinião e da vontade são racionais. Deste modo, a autonomia privada e a pública pressupõem-se mutuamente, sem que uma possa reivindicar o primado sobre a outra.[284]

Por conseguinte, a explicitação da estrutura intersubjetiva dos direitos, através da institucionalização de procedimentos que acoplaram a dimensão discursiva da opinião e da vontade, torna possível que a composição entre direitos humanos e soberania do povo seja explicitada em termos jurídicos. Assim, o ordenamento jurídico pode ser entendido como fruto de uma legislação que os sujeitos de direito se dão a si mesmos,

---

[284] HABERMAS, Jürgen. "Posfácio". *Direito e Democracia:* entre facticidade e validade. Tomo II. Rio de Janeiro: Tempo Brasileiro, 1997, p. 316.

sendo, por seu turno, os direitos humanos[285] o substrato que é inserido nas condições formais para a institucionalização jurídica desse tipo de procedimento. A composição entre direitos humanos e soberania do povo somente se mostra na medida em que a estrutura intersubjetiva dos direitos é parte componente de um procedimento que incorpora a dimensão discursiva da formação da opinião e da vontade como algo que lhe é intrínseco. Sendo assim, os direitos humanos são, desde logo, incorporados às condições formais de institucionalização jurídica e o princípio da soberania do povo compõe a esfera de explicitação do procedimento legislativo. Essa composição somente se mostra, quando conseguimos decifrar o modelo da autolegislação através da teoria do discurso, que ensina serem os destinatários simultaneamente os autores de seus direitos. a substância do direitos humanos insere-se, então, nas condições formais para a institucionalização jurídica desse tipo de formação discursiva da opinião e da vontade, na qual a soberania do povo assume figura jurídica.[286]

Com isso, na medida em que o ordenamento jurídico emana da vontade discursiva de seus cidadãos, e suas leis são, ao mesmo tempo, reflexo e produção dessa vontade que assume ares institucionais através do procedimento legislativo, os direitos humanos e a soberania do povo encarnam a dimensão de legitimidade do corpo jurídico, uma vez que

---

[285] HABERMAS, Jürgen. "Posfácio". *Direito e Democracia:* entre facticidade e validade. Tomo II. Rio de Janeiro: Tempo Brasileiro, 1997, pp. 316/317: "No entanto, quando pretendemos falar do direito apenas no sentido do direito positivo, temos que fazer uma distinção entre direitos *humanos* enquanto normas de ação justificadas moralmente e *direitos* humanos enquanto normas constitucionais positivamente válidas. O *status* de tais direitos fundamentais não é o mesmo que o das normas morais – que possivelmente têm o mesmo significado. Na forma de direitos constitucionais normatizados e de reclamações, eles encontram abrigo no campo de validade de determinada comunidade política. Todavia, esse *status* não contradiz o sentido universalista dos direitos de liberdade clássicos, que incluem todas as pessoas em geral e não somente todos os que pertencem a um Estado. Enquanto direitos fundamentais, eles se estendem a todas as pessoas, na medida em que se detêm no campo de validade da ordem do direito: nesta medida, todos gozam da proteção da constituição".

[286] HABERMAS, Jürgen. *Direito e Democracia:* entre facticidade e validade. Tomo I. Rio de Janeiro: Tempo Brasileiro, 1997, p. 139.

CAPÍTULO IV - FUNDAMENTAÇÃO DO DIREITO

"a legitimidade do direito apoia-se, em última instância, num arranjo comunicativo: enquanto participantes de discursos racionais, os parceiros do direito devem poder examinar se uma norma controvertida encontra ou poderia encontrar o assentimento de todos os possíveis atingidos".[287]

No entanto, convém esclarecer o modo pelo qual se dá a relação entre o processo legítimo de criação do direito, como isso se institucionaliza, e como, com o auxílio do princípio do discurso, neutro do ponto de vista deontológico, podemos fundamentar, a partir de exigências pós-metafísicas, o ordenamento jurídico.

4.3. FUNDAMENTAÇÃO DO DIREITO

Fizemos alusão à relação de colaboração que está implícita na tematização dos direitos subjetivos, cunhados sob a perspectiva solipsista de sujeitos que agem de modo egocêntrico. Essa alusão teve como intuito demonstrar que a relação travada entre sujeitos de direito tem dois parâmetros: o primeiro, o de reciprocidade de deveres e obrigações; o segundo, o de coautoria da ordem jurídica. Portanto, quisemos explicitar que o aparente solipsismo do ordenamento jurídico escondia uma estrutura intersubjetiva que perpassa o processo de criação de tal ordenamento.

O processo de criação do direito, ou melhor, o processo, que permite interpretar o ordenamento jurídico como emanação da opinião e da vontade discursiva dos cidadãos, para ser legítimo, tem que fazer referência aos direitos que cada cidadão tem que se atribuir a fim de obter reconhecimento como sujeito de direito.

Esse ordenamento leva em consideração que os sujeitos de direito podem agir buscando o sucesso próprio através do cumprimento das prescrições legais, como também agir buscando a coordenação da ação. Isso porque cabe ao Direito não somente o estabelecimento de liberdades

---

[287] HABERMAS, Jürgen. *Direito e Democracia:* entre facticidade e validade. Tomo I. Rio de Janeiro: Tempo Brasileiro, 1997, p. 138.

subjetivas em geral, mas igualmente a institucionalização da igualdade dessas liberdades subjetivas.

Para que o Direito possa ser entendido como emanação da vontade discursiva dos cidadãos, isto é, como expressão sintética da composição entre direitos humanos e soberania do povo, é necessário que os atores possam posicionar-se sobre a manifestação dessa vontade. Como o Direito, ao mesmo tempo que reúne um caráter de obrigatoriedade, também é sempre passível de revogação, a figura da igualdade das liberdades subjetivas assume uma posição crucial, pois para que o Direito se estabeleça como legítimo se faz necessário que os membros de uma dada comunidade jurídica se entendam sobre o que é passível de obrigatoriedade jurídica.

No entanto, esse entendimento só é possível quando todos têm a igual liberdade comunicativa. O levantamento de pretensões de validade só faz sentido quando essa pretensão, ou seja, o acesso a igual liberdade comunicativa, puder ser questionada. Levantados os questionamentos, faz-se necessário que se arrolem os motivos pelos quais se fundamentam tais pretensões. Aceitas as pretensões, temos uma normatividade legítima. Mas, para que a figura desse questionamento possa estar presente na deliberação do que é ou não é normativo em uma sociedade pós-metafísica, é preciso que todos tenham acesso à igual liberdade comunicativa para que, munidos dessa faculdade, possam posicionar-se sobre a legitimidade da integração social. Disso resulta a introdução do princípio do discurso, neutro em relação à moral e ao Direito, que deixa livre de conotações legislativas o processo de formação da normatividade. Ou seja, o processo de formação da vontade discursiva está desligado de quaisquer fontes legislativas para ação, exceto uma: a da normatividade que jorra do melhor argumento. Por conseguinte, temos um princípio do discurso que, após assumir forma jurídica, converte-se em princípio da democracia. Em uma palavra: como o princípio do discurso, pelo *medium* jurídico, transforma-se em princípio da democracia, temos que a normatividade é obtida através de um procedimento. Nesse procedimento são arroladas todas as razões que possam fundamentar esta ou aquela pretensão de validade. Em palavras habermasianas:

CAPÍTULO IV - FUNDAMENTAÇÃO DO DIREITO

A ideia básica é a seguinte: o princípio da democracia resulta da interligação que existe entre o princípio do discurso e a forma jurídica. Eu vejo esse entrelaçamento como uma *gênese lógica de direitos*, a qual pode ser reconstruída passo a passo. Ela começa com a aplicação do princípio do discurso ao direito a liberdades subjetivas de ação em geral – constitutivo para a forma jurídica enquanto tal – e termina quando acontece a institucionalização jurídica de condições para um exercício discursivo da autonomia política, a qual pode equipar retroativamente a autonomia privada, inicialmente abstrata, com a forma jurídica. Por isso, o princípio da democracia só pode aparecer como núcleo de um *sistema* de direitos. A gênese lógica desses direitos forma um processo circular, no qual o código do direito e o mecanismo para a produção de direito legítimo, portanto o princípio da democracia, se constituem de *modo cooriginário.*[288]

Mas uma questão permanece sem resposta aparente: qual é a condição para que o princípio do discurso se converta em princípio da democracia? Poder-se-ia responder: a institucionalização jurídica. Entretanto, como corolário à essa resposta surgem, como *conditio sine qua non* ao procedimento de institucionalização do princípio do discurso, as categorias que proporcionam a compreensão de que o Direito emana do povo, uma vez que somente assim pode o cidadão tomar lugar na comunidade jurídica. Para tomar lugar na comunidade jurídica é preciso que se estabeleçam as condições para que o procedimento seja possível, ou seja, a igual liberdade comunicativa que permite ao sujeito de direito posicionar-se a respeito de qualquer pretensão. Portanto, temos, como condição de possibilidade da institucionalização de procedimentos jurídicos, a igualdade na composição das liberdades subjetivas. Essa é a condição para que se possa elencar "os direitos que os cidadãos são obrigados a atribuir-se reciprocamente, caso queiram regular legitimamente a sua convivência com os meios do Direito Positivo".[289]

---

[288] HABERMAS, Jürgen. *Direito e Democracia:* entre facticidade e validade. Tomo I. Rio de Janeiro: Tempo Brasileiro, 1997, p. 158.

[289] HABERMAS, Jürgen. *Direito e Democracia:* entre facticidade e validade. Tomo I. Rio de Janeiro: Tempo Brasileiro, 1997, pp. 158/159.

Nesse ínterim, a fim de elencar os direitos recíprocos necessários à constituição de uma convivência legítima, é mister que se estabeleça as nuanças do Direito moderno. Para que a convivência seja regulada pelos meios do Direito Positivo, é preciso que os sujeitos de direito sejam compreendidos, ao mesmo tempo, como destinatários e autores da ordem jurídica. Assim, Habermas faz recurso a um dado diferente: analisa separadamente esses passos, ou seja, dispõe sobre que direitos são necessários para que os indivíduos se compreendam como destinatários da ordem jurídica e, depois, para que possam ser compreendidos como autores dessa ordem. Isso, no entanto, não implica uma separação cronológica entre esses fatores, mas, tão-somente, a explicitação dos passos desse processo. Usando uma imagem, poderíamos dizer que estamos analisando as árvores para conhecermos a floresta. Pois bem, o primeiro passo, ou seja, aquele que é permeado pela compreensão de que as normas jurídicas destinam-se aos indivíduos, é composto pelos direitos que garantem o exercício da autonomia privada dos sujeitos. Consequentemente, temos um escalonamento horizontal das pretensões à juridicidade. É essa pretensão horizontal que garante uma validade objetiva aos direitos subjetivos e que gera obrigatoriedade recíproca; o segundo passo, ou aquele que é permeado pela compreensão de que as normas jurídicas emanam da opinião e da vontade dos indivíduos, implica que os sujeitos de direito assumem o papel de autores, isto é, de produtores do ordenamento jurídico. Assim, no primeiro passo temos:

> (1) Direitos fundamentais que resultam da configuração politicamente autônoma do *direito à maior medida possível de iguais liberdades subjetivas de ação.*

Esses direitos exigem como correlatos necessários:

> (2) Direitos fundamentais que resultam da configuração politicamente autônoma do *status de um membro* numa associação voluntária de parceiros do direito;

> (3) Direitos fundamentais que resultam imediatamente da *possibilidade de postulação judicial* de direitos e da configuração politicamente autônoma da proteção jurídica individual.[290]

---

[290] HABERMAS, Jürgen. *Direito e Democracia:* entre facticidade e validade. Tomo I. Rio de Janeiro: Tempo Brasileiro, 1997, p. 159.

CAPÍTULO IV - FUNDAMENTAÇÃO DO DIREITO

No segundo:

> (4) Direitos fundamentais à participação, em igualdade de chances, em processos de formação da opinião e da vontade, nos quais os civis exercitam sua *autonomia política* e através dos quais eles criam direito legítimo.[291]

Essa construção implica, finalmente:

> (5) Direitos fundamentais a condições de vida garantidas social, técnica e ecologicamente, na medida em que isso for necessário para um aproveitamento, em igualdade de chances, dos direitos elencados de (1) a (4).[292]

Esses direitos fundamentais têm como escopo avaliar se o ordenamento jurídico é ou não legítimo. Como membros e fundadores de uma comunidade jurídica, os sujeitos de direito dispõem sobre que leis devem regular a sua conduta na base de uma simetria que permite a cada um ter acesso a iguais oportunidades de deliberar acerca de uma pretensão de validade criticável. Assim, à institucionalização das iguais liberdades subjetivas corresponde um reconhecimento intersubjetivo dos coautores do Direito. Na medida em que os referidos direitos fundamentais são institucionalizados, assegura-se que a formação discursiva da opinião e da vontade seja determinante do grau de legitimidade do sistema jurídico. Determinante, uma vez que a normatividade, proveniente da legalidade, tem que estar acoplada a uma pretensa revogabilidade, toda vez que não se mostrar compatível com os direitos fundamentais ou, ainda, quando contrariar disposição contida na vontade discursiva dos cidadãos. Essa tensão entre o factual e o universal, entre facticidade e validade, é estabilizada pelo Direito uma vez que esse realiza, através da compreensão discursiva dos direitos, a composição entre direitos humanos e soberania do povo. Em uma palavra, através da compreensão de que o direito emana do povo.

---

[291] HABERMAS, Jürgen. *Direito e Democracia:* entre facticidade e validade. Tomo I. Rio de Janeiro: Tempo Brasileiro, 1997, p. 159.

[292] HABERMAS, Jürgen. *Direito e Democracia:* entre facticidade e validade. Tomo I. Rio de Janeiro: Tempo Brasileiro, 1997, p. 160.

LUIZ MOREIRA

Portanto, a pergunta pela validade de um proferimento, ou ainda pela validade de um costume ou de um ordenamento jurídico, em sociedades pós-metafísicas, desacopla-se do peso de autoridades factuais para fixar-se nas razões que se levantam em sua defesa. Depois de passarmos por sucessivas violências contra a vida e a liberdade, em que foram arroladas, para legitimar o emprego de tais violências, diversas justificativas de cunho moral, ideológico, religioso ou étnico, cresce a exigência de uma razão procedimental. Desse modo, a teoria discursiva do Direito encontra-se sob a exigência de permanecer, ao mesmo tempo, entre uma normatividade mediata e uma carga de falibilidade. Esta, talvez, seja a missão do Direito: institucionalizar a liberdade, pois

De um lado, a carga da legitimação da normatização jurídica das qualificações dos cidadãos desloca-se para os procedimentos da formação discursiva da opinião e da vontade, institucionalizados juridicamente. De outro lado, a juridificação da liberdade comunicativa significa também que o direito é levado a explorar fontes de legitimação das quais ele não pode dispor.[293]

Essa compreensão procedimental funda-se na perspectiva de que o Direito moderno, para ser legítimo, tem que estar afinado tanto com os direitos humanos quanto com o princípio da soberania do povo. Isso porque são essas ideias que formam o cerne de sua legitimidade. Como mostramos, Habermas elabora uma teoria que se firma através da síntese entre esses dois princípios. Essa síntese tem que ser institucionalizada e acoplada a procedimentos que conservem, em seu seio, regras processuais que eliminem qualquer possibilidade de deturpação. Essa é a tensão que o Direito é condenado a viver: embora seja legítimo, suas prescrições são sempre passíveis de revogação, caso contrário, poderíamos estabelecer preceitos que antes aprisionariam do que proporcionariam liberdade. Não raro, violências vestiram o manto do sagrado, do jurídico e da justiça. Eis a razão pela qual a validade de uma normatividade tem que estar aberta à comprovação discursiva. Esse o motivo de uma razão procedimental. De uma razão que é despida do peso moral da tradição.

---

[293] HABERMAS, Jürgen. *Direito e Democracia:* entre facticidade e validade. Tomo I. Rio de Janeiro: Tempo Brasileiro, 1997, p. 168.

REFERÊNCIAS BIBLIOGRÁFICAS

Referências principais

HABERMAS, Jürgen. *Faktizität und Geltung:* Beiträge zur diskurstheorie des rechts und des demokratischen rechtsstaats. 4. Aufl. Suhrkamp: Frankfurt am Main, 1994.

_____. *Direito e Democracia:* entre facticidade e validade. 2 vols. Trad.: Flávio Beno Siebeneichler, Rio de Janeiro: Tempo Brasileiro, 1997.

_____. *Die Einbeziehung des Anderen:* Studien zur politichen Theorie. Suhrkamp: Frankfurt am Main, 1997.

_____. "Para o uso pragmático, ético e moral da razão prática". *In*: STEIN, Ernildo; DE BONI, Luís (Coord.). *Dialética e Liberdade*. Petrópolis: Vozes; Porto Alegre: UFRGS: 1993, pp. 288–304.

_____. *A Crise de Legitimação no Capitalismo Tardio*. Trad.: Vamirech Chacon. Rio de Janeiro: Tempo Brasileiro, 1980.

_____. *Consciência Moral e Agir Comunicativo*. Trad.: Guido Antônio de Almeida. Rio de Janeiro: Tempo Brasileiro, 1989.

_____. *La Lógica de Las Ciências Sociales*. Trad.: Manuel Jiménez Redondo. 2ª ed. Madrid: Tecnos, 1990.

_____. *La necessidad de Revisión de la Izquierda*. Trad.: Manuel Jiménez Redondo. 2ª ed. Madrid: Tecnos, 1996.

LUIZ MOREIRA

_____. *Más allá del Estado Nacional*. Trad.: Manuel Jiménez Redondo. Madrid: Trotta, 1997.

_____. *O Discurso Filosófico da Modernidade*. Trad.: Ana Maria Bernardo, José Rui Meirelles Pereira, Manuel José Simões Loureiro *et al*. Lisboa: Dom Quixote, 1990.

_____. *Para a Reconstrução do Materialismo Histórico*. Trad.: Carlos Nelson Coutinho. 2ª ed. São Paulo: Brasiliense, 1990.

_____. *Passado como Futuro*. Trad.: Flávio Beno Siebeneichler. Entrevista cedida a Michael Haller. Rio de Janeiro: Tempo Brasileiro, 1993.

_____. *Pensamento Pós-Metafísico:* estudos filosóficos. Trad.: Flávio Beno Siebeneichler. Rio de Janeiro: Tempo Brasileiro, 1990.

_____. *Técnica e Ciência como Ideologia*. Trad.: Artur Morão. Lisboa: Edições 70, 1994.

_____. *Teoría de la Acción Comunicativa:* racionalidad de la acción y racionalización social. Tomo I. Trad.: Manuel Jiménez Redondo. Madrid: Taurus, 1992. (1 ed., Suhrkamp Verlag, Frankfurt am Maim, 1981)

_____. *Teoría de la Acción Comunicativa:* crítica de la razón funcionalista. Tomo II. Trad.: Manuel Jiménez Redondo. Madrid: Taurus, 1988. (1 ed., Suhrkamp Verlag: Frankfurt am Maim, 1981)

_____. *Teoría de la Acción Comunicativa:* complementos y estudios previos. Trad.: Manuel Jiménez Redondo. Madrid: Catedra, 1989.

_____. *Teoria Y Praxis:* estudios de filosofía social. 2ª ed. Trad.: Salvador Más Torres e Carlos Moya Espí. Madrid: Tecnos, 1990.

_____; GUIDDENS, Anthony; McCARTHY, Thomas *et al. Habermas y la Modernidad*. 3ª ed. Trad.: Francisco Rodríguez Martín., Madrid: Catedra, 1994.

Referências complementares

APEL, Karl-Otto. *Estudos de Moral Moderna*. Trad.: Benno Dischinger. Petrópolis: Vozes, 1994.

FUNDAMENTAÇÃO DO DIREITO EM HABERMAS

ARAÚJO, Luiz Bernardo Leite. *Religião e Modernidade em Habermas.* (Coleção Filosofia, 37). São Paulo: Loyola, 1996.

BOBBIO, Norberto. *O Futuro da Democracia:* uma defesa das regras do jogo. 4ª ed. Trad.: Marco Aurélio Nogueira. Rio de Janeiro: Paz e Terra, 1986.

CIRNE-LIMA, Carlos. *Dialética para principiantes.* (Coleção Filosofia, 48). Porto Alegre: PUCRS, 1996. (Coleção Filosofia, 48).

CIRNE-LIMA, Carlos. *Sobre a contradição.* (Coleção Filosofia, 6). Porto Alegre: PUCRS, 1993. (Coleção Filosofia, 6).

FREITAG, Bárbara. *Teoria Crítica:* ontem e hoje. 4ª ed. São Paulo: Brasiliense, 1993.

FREITAG, Bárbara. *Os itinerários de Antígona:* a questão da moralidade. Campinas (SP): Papirus, 1992.

HERRERO, Francisco Xavier. *Racionalidade comunicativa e modernidade.* Síntese Nova Fase, n. 37, Belo Horizonte, 1986.

HÖFFE, Otfried. *Gerechtigkeit als Tausch?* Zum Politischen Projekt der Moderne. Baden-Baden: Nomos Verl. – Ges., 1991.

HÖFFE, Otfried. *Justiça Política:* Fundamentação de uma filosofia crítica do Direito e do Estado. Trad.: Ernildo Stein. Petrópolis: Vozes, 1991.

INGRAM, David. *Habermas e a Dialética da Razão.* Trad.: Sérgio Bath. Brasília: Universidade de Brasília, 1993.

KANT, Immanuel. *Crítica da Razão Prática.* Trad.: Artur Morão. Lisboa/Rio de Janeiro: Edições 70, 1989.

_____. *Crítica da Razão Pura.* 2ª ed. Trad.: Manuela Pinto dos Santos e Alexandre Fradique Morujão. Lisboa: Fundação Calouste Gulbenkian, 1989.

_____. *Fundamentação da Metafísica dos Costumes.* Trad.: Paulo Quintela. Lisboa; Rio de Janeiro: Edições 70, 1995.

_____. *La metafísica de las Costumbres.* 2ª ed. Trad. Adela Cortina y Jesús Conill Sancho. Madrid: Tecnos, 1989.

KELSEN, Hans. *Teoria Geral do Direito e do Estado*. Trad.: Luís Carlos Borges. São Paulo: Martins Fontes, Brasília: EDUNB, 1990.

KELSEN, Hans. *Teoria Pura do Direito*. 4ª ed. Trad.: João Baptista Machado. São Paulo: Martins Fontes, 1994.

LUHMANN, Niklas. *Legitimação pelo Procedimento*. (Coleção Pensamento Político, 15). Trad.: Maria da Conceição Côrte-Real. Brasília: EDUNB, 1980.

LUHMANN, Niklas. *Sociedad y Sistema:* la ambición de la teoría. (Coleção Pensamiento Contemporáneo, 8). Trad.: Santiago López Petit e Dorothee Schmitz. Barcelona: Paidós, 1990.

LUHMANN, Niklas. *Sociologia do Direito I*. Trad.: Gustavo Bayer. Rio de Janeiro: Tempo Brasileiro, 1983.

_____, Niklas. *Sociologia do Direito II*. Trad.: Gustavo Bayer. Rio de Janeiro: Tempo Brasileiro, 1985.

McCARTHY, Thomas. *La Teoría Crítica de Jürgen Habermas*. 3ª ed. Trad.: Manuel Jiménez Redondo. Madrid: Tecnos, 1995.

OLIVEIRA, Manfredo Araújo de. *Ética e racionalidade moderna*. (Coleção Filosofia, 28). São Paulo: Loyola, 1993.

_____, Manfredo Araújo de. *Reviravolta lingüístico-pragmática na filosofia Contemporânea*. (Coleção Filosofia, 40). São Paulo: Loyola, 1996.

_____. *Sobre a Fundamentação*. (Coleção Filosofia, 8). Porto Alegre: EDIPUCRS, 1993.

PERELMAN, Chaïn. *Ética e Direito*. Trad.: Maria Galvão Pereira. São Paulo: Martins Fontes, 1996.

RAWLS, John. *Uma Teoria da Justiça*. Trad.: Almiro Pisetta e Lenita Esteves. São Paulo: Martins Fontes, 1997.

ROUANET, Sérgio Paulo: *Mal-estar na modernidade*: ensaios. São Paulo: Companhia das Letras, 1993.

SALGADO, Joaquim Carlos. *A ideia de Justiça em Hegel*. (Coleção Filosofia, 36). São Paulo: Loyola, 1996.

FUNDAMENTAÇÃO DO DIREITO EM HABERMAS

SALGADO, Joaquim Carlos. *A ideia de Justiça em Kant*: seu fundamento na liberdade e na igualdade. 2ª ed. Belo Horizonte: UFMG, 1995.

SANTOS, José Henrique. *Trabalho e riqueza na Fenomenologia do Espírito de Hegel*. (Coleção Filosofia, 30). São Paulo: Loyola, 1993.

SANTOS, José Henrique. *Assalto à razão administrada*. Belo Horizonte: Jornal Estado de Minas, 23/05/1998. Caderno Pensar.

SIEBENEICHLER, Flávio Beno. *Jürgen Habermas*: razão comunicativa e emancipação. 2ª ed. Rio de Janeiro: Tempo Brasileiro, 1990.

VASCONCELOS, Arnaldo. *Teoria Geral do Direito*: teoria da norma jurídica. 3ª ed. Vol. 1. São Paulo: Malheiros, 1993.

VAZ, Henrique Cláudio de Lima. *Antropologia Filosófica I*. 3ª ed. (Coleção Filosofia, 15). São Paulo: Loyola, 1993.

_____. *Escritos de Filosofia I:* problemas de fronteira. (Coleção Filosofia, 3). São Paulo: Loyola, 1986.

_____. *Escritos de Filosofia II:* ética e cultura. 2ª ed. (Coleção Filosofia, 8). São Paulo: Loyola, 1993.

A Editora Contracorrente se preocupa com todos os detalhes de suas obras!
Aos curiosos, informamos que este livro foi impresso no mês de abril
de 2019, em papel Pólen Soft, pela Gráfica Rettec.